CORRESPONDENCIA COMERCIAL
ESPAÑOLA MODERNA

Del presente volume esistono pure le versioni:

MODERNA CORRISPONDENZA COMMERCIALE ITALIANA di Mario A. Santagata. 15ª edizione riveduta.

MODERN ENGLISH COMMERCIAL CORRESPONDENCE. Version by L. v. R. White and M. Meringer. 8ª edizione riveduta.

LA CORRESPONDANCE COMMERCIALE FRANÇAISE MODERNE. Adaptation de Placide Bianco C.C.E.F. 8ª edizione riveduta.

DEUTSCHE HANDELSKORRESPONDENZ. Übersetzung von Guido Deutsch. 7ª edizione riveduta.

Ognuna delle cinque edizioni: italiana, francese, inglese, spagnuola e tedesca è disposta in modo identico, sì da fungere da « chiave » per le altre quattro.

DEL MEDESIMO AUTORE

(presso l'Editore U. Hoepli, Milano)

IL CONDOMINIO DELLE ABITAZIONI. Manuale pratico di facile e rapida consultazione per condomini, corredato da ampio formulario ed indice analitico. 2ª edizione riveduta e aumentata.

LE SOCIETÀ COMMERCIALI del Dompé, completamente riveduta ed aggiornata. 1945, in-16, di pagine 436, 8ª edizione. (*Esaurito*)

LE IMPRESE COOPERATIVE. Manuale pratico con formulario. Guida per Cooperatori, Amministratori, Sindaci, Liquidatori e Commissari governativi. 2ª edizione completata ed aggiornata. 1946, in-16, di pag. xx-216. (*Esaurito*)

ENCICLOPEDIA HOEPLI (*collaborazione*)

MARIO A. SANTAGATA

CORRESPONDENCIA COMERCIAL ESPAÑOLA MODERNA

VERSION ESPAÑOLA DE
S. CARBONELL - P. DE MERCADER

CIRCULARES

CONSTITUCIÓN, MODIFICACIÓN, TRASPASO Y
ADQUISICIÓN, DISOLUCIÓN, FUSIÓN, TRAS-
LADO, NOMBRAMIENTO, REVOCACIÓN Y DESPI-
DO, OTORGAMIENTO DE PODER, PROPAGANDA.

CARTAS

DEMANDAS DE EMPLEO - OFERTAS DE SERVI-
CIOS - DEMANDAS DE SERVICIOS - DEMANDAS
DE INFORMES PARA REANUDAR LAS RELA-
CIONES - COMPRA-VENTA - LETRAS - BANCA
Y BOLSA - EXPORTACIÓN E IMPORTACIÓN -
AJUSTE DE CUENTAS - RECLAMACIONES - SUS-
PENSIÓN DE PAGOS - ATESTACIONES SOBRE
SUMINISTROS - CERTIFICADOS DE TRABAJO.

CUARTA EDICIÒN REVISADA

EDITORE ULRICO HOEPLI MILANO

ISBN 88-203-0143-1

Stampa:
IGIS SpA Industrie Grafiche Italiane
20138 Milano - Via Salomone 61 / Printed in Italy

PREFACIO A LA PRIMERA EDICIÓN

Encargado por la Casa editorial libreril Ulrico Hoepli de compilar un **Manual de Correspondencia Comercial Moderna,** *que pudiese ser de guía para los otros manuales a preparar en los principales idiomas, he aceptado de buen grado el trabajo que se me ha confiado.*

Mi intento principal ha sido el de preparar un texto que, respondiendo a las actuales exigencias del comercio, pueda servir de guía a los comerciantes y también a los jóvenes que se encaminan a la carrera comercial. Para ello me he valido de numerosos ejemplos, que me han sido facilitados por las casas comerciales clientes mías.

He dividido toda la correspondencia en dos grupos: circulares y cartas, que luego he repartido en tantas series, cuantas me han parecido los principales argumentos en que se pudiesen agrupar. Cada carta lleva un número romano, el de la serie, seguido por un número arábigo progresivo que se refiere a las cartas. Tal sistema de numeración servirá para encontrar las cartas correspondientes en los manuales redactados en otros idiomas.

Espero haber logrado el objeto que me he propuesto; añado, sin embargo, que quedaré agradecido a cuantos querrán indicarme sugerencias que no dejaré de tener presentes en nuevas ediciones eventuales.

MARIO A. SANTAGATA

Milán, julio de 1917
Corso Plebisciti, 9

ADVERTENCIA
A LA CUARTA EDICION

Mientras me atengo al precedente planteamiento del texto, también con relación a las ediciones en idiomas extranjeros, he adoptado aquí aquellas modificaciones e innovaciones que pueden hacer que la obra responda mayormente a las exigencias actuales.

En esta cuarta edición se ha tenido en cuenta la decimalización de la Libra Esterlina en vigor desde el 15 de Febrero 1971.

EL AUTOR

Milán, Septiembre de 1975

INDICE

CIRCULARES

I. - Constitución, Modificación, Tras-paso y adquisición, Disolución, Fusión, Traslado.

II. - Nombramiento, Revocación y despido, Otorgamiento de poder

III. - Circulares publicitarias

IV. - Demandas de empleo

V. - Ofertas de servicios

VI. - Demandas de servicios

IX. - Compra-venta

X. - Letras

XI. - Banca y Bolsa

XII. - Exportación e importación

XIII. - Seguros y transportes

XIV. - Ajuste de cuentas

XV. - Reclamaciones

XVI. - Suspensión de pagos

XVII. - Atestaciones sobre suministros

XVIII. - Dimisiones y certificados de trabajo

ALGUNOS TÉRMINOS COMERCIALES

PRINCIPIOS Y TERMINACIONES
DE CARTAS

Principios

De singular a singular: Muy Sr. mío;
  »   »   a plural: Muy Sres míos;
  » plural a singular: Muy Sr. nuestro;
  »   »   a plural: Muy Sres nuestros;

Terminaciones (en orden)

de Vd atto y s.s.
de Vds atto y s.s.
de Vd attos y ss.ss.
de Vds attos y ss.ss.

fórmula general

Principios (en orden)

Muy Sr. mío y amigo;
Muy Sres míos y amigos;
Muy Sr. nuestro y amigo;
Muy Sres nuestros y amigos;

Terminaciones (en orden)

de Vd atto s.s. y amigo.
de Vds atto s.s. y amigo.
de Vd attos ss.ss. y amigos.
de Vds attos ss.ss. y amigos.

fórmula mejicana

ENCABEZAMIENTOS

A un Banco o Sociedad

(1)
- Al Banco .... A.
- A la Sociedad .... B.
- Banco .... C.
- Sociedad .... E.
- Sres F.........G.............................. S.A.

(2)
- Sr. Director, o Gerente
  del Banco .... X.
- Sr. Director, o Gerente
  de la Sociedad .... Y.

fórmula
general

PRINCIPIOS

(1) Muy Sres míos;, o nuestros;
(2) Muy Sr. mío;, o nuestro;

TERMINACIONES

Según los ejemplos precedentes

Sres.............X...........Y..............

y de mí, o de nuestra consideración;

fórmula poco usada, cuyo empleo debe evitarse por ser una degeneración de las antiguas formas españolas: Muy Sr. mío y de mi distinguida consideración; Muy Sres nuestros y de nuestra mayor consideración, hoy abolidas en el lenguaje comercial.

PRESENTACIÓN

Para una carta comercial son requisitos indispensables: *claridad, orden, brevedad.*

Deben evitarse palabras y períodos de doble interpretación porque, en el comercio, la ambigüedad es muy peligrosa pues siempre podrá haber quien, aprovechando de una cláusula poco clara, se sirva de ella para sacar ventaja.

Está bien hacer un párrafo por cada argumento, pero sería mejor todavía que, cada asunto, se tratase en carta aparte cuando su importancia lo requiera.

Posiblemente la carta debe ser mecanografiada o, por lo menos, escrita en clara caligrafía.

Arriba, a la derecha de la carta, se pone la fecha en que se escribe. El encabezamiento se puede poner lo mismo a la derecha como a la izquierda, contendrá la denominación de la firma a la cual se dirije; debajo, y a renglón seguido, la dirección y, más abajo, el nombre de la ciudad; escribiendo, así:

Sres Fulano Zutano y Mengano o *Sr. Don Fulano de Tal*
Calle Ancha, 4   *Puerta del Sol, 2*
VALENCIA   MADRID

Excepcionalmente, y sólo las circulares, se encabezan con los términos de cortesía: *Señores* (o *Sres*), *Señor* (o *Sr.*), *Distinguido* o *Estimado Señor* (o *Sr.*) sin añadir el nombre.

Las cartas se empiezan siempre acusando recibo de la correspondencia recibida de la firma a la cual se contesta, o confirmando la carta remitida precedentemente por el infraescrito, como sigue:

Acusando recibo:

En contestación a la suya del...
En respuesta a su carta de fecha.....................................
Correspondemos a su atta de fecha.................................

Confirmando o refiriéndose a cartas precedentes:

A continuación de mi (o nuestra) carta del.................
Me refiero a mi (o nos referimos a nuestra) última del.....
Confirmo mi (o confirmamos nuestra) carta fecha.............

La costumbre y la cortesía requieren que la carta termine saludando atenta y obsequiosamente, segun las fórmulas indicada a pág. XXI.

ALGUNAS PALABRAS ESPAÑOLAS
Y SUS CORRESPONDIENTES,
DE IGUAL SIGNIFICADO, EN ALGUNOS
PAISES DE AMÉRICA

ESPAÑA	AMÉRICA
Apartado de correos	- Apartado postal, Casilla, o Casilla de correos.
Duro (moneda)	- Peso (moneda).
Letra, letra de cambio, libranza, pagaré	- Giro, efecto.
Paquete postal	- Encomienda, encomienda postal.
Sellos de correo	- Estampillas.
Sellos fiscales, pólizas	- Estampillas.
Timbre móvil	- Estampilla.
Talón, cheque.	- Giro.
Viajante.	- Comisionista, viajero.

NOTA. — En Chile, como conjunción, se emplea la « i » en vez de la « y ». Ejemplo:

ESPAÑOL: ...... y así lo haremos y esperamos......

CHILENO : ...... i así lo haremos i esperamos......

I

CIRCULARES

CONSTITUCIÓN

MODIFICACIÓN

TRASPASO Y ADQUISICIÓN

DISOLUCIÓN

FUSIÓN

TRASLADO

PRIMERA SERIE

I-1 - Constitución

...............de...............de 19......

Muy Sr. nuestro;

Tenemos el gusto de participarle que, bajo la razón social

A............... B............... & Cia

hemos establecido en esta ciudad una casa de comercio que se dedicará a los negocios de comisión en general.

Le rogamos se sirva tomar nota de las firmas de nuestros socios indicadas al pie y, mientras confiamos nos honrará con sus gratos pedidos, aprovechamos la ocasión para suscribirnos

de Vd muy attos y ss.ss.

A........ B........ & Cia

Firmas:

El Sr. Don A............ firmará: A............B............ & Cia

El Sr. Don B............ firmará: A............B............ & Cia

I-2 - Constitución

.... 1º de Enero de 19......

Muy Sres nuestros;

Cábenos el placer de informar a Vds que, bajo la razón social.

R.A.R.A. - R........ A........ R........ A........

hemos constituído en ésta una casa comercial que se ocupará de dar salida a toda clase de mercancías de producción italiana, tanto en el interior del país como al extranjero.

Por la experiencia que hemos demostrado siempre en los negocios, nos permitimos ofrecerles nuestros servicios para la venta de sus productos, abrigando la esperanza que tendrán a bien confiarnos sus encargos en cuya ejecución aseguramos a Vds que pondremos todo nuestro empeño.

Sírvanse tomar nota que también tenemos una sucursal en Génova dedicada a la venta de mercancías italianas a los mercados de ultramar.

Quedamos de Vds attos y ss.ss.

....

I-3 - Constitución de sociedad

Fecha del matasellos

Muy Sr. nuestro;

Nos es grato poner en su conocimiento que hemos constituido, en esta ciudad, una Sociedad en nombre colectivo para el comercio de tejidos, que girará bajo la razón social

ALBINI & BARBETTA

La larga práctica adquirida en los negocios y el serio propósito de satisfacer a nuestros clientes, nos hace abrigar la esperanza de que tampoco Vd dejará de honrarnos con sus gratos pedidos.

Le rogamos se sirva tomar nota de nuestra comunicación, mientras nos es grato suscribirnos de Vd attos y ss.ss.

ALBINI & BARBETTA

I-4 - Constitución

Fecha del matasellos

Muy Sr. nuestro;

Plácenos comunicarle que hemos constituido una sociedad comercial bajo la razón social

ALFA & BETA

cuyo objeto principal es la importación de coloniales en comisión y, especialmente, de cafés brasileños.

Si Vd quisiera aprovechar nuestros servicios, sería un verdadero placer para nosotros, y podemos asegurarle de antemano que ejecutaremos sus encargos con toda solicitud y esmero.

Nos es grato saludarle atentamente y suscribirnos

de Vd ss.ss.
ALFA & BETA

I-5 - Constitución

Fecha del matasellos

Muy Sr. nuestro;

Tenemos el gusto de participarle la fundación del Banco X constituído en sociedad por acciones con un capital de 100.000.000 de Liras.

El capital del cual dispone y el prestigio de las personas que lo dirigen, bien conocidas en el mundo de los negocios, son garantías de confianza hacia nuestro instituto.

Confiamos recibir a lo más pronto posible sus gratas órdenes, que ejecutaremos escrupolosamente y con la máxima puntualidad.

Quedamos de Vd attos y ss.ss.

BANCO X

I-6 - Constitución

.... 30 de Abril de 19......

Sres ....

....

....

Muy Sres nuestros;

Nos es grato informarles que hemos constituido la Empresa de Construcciones POMINI Soc.p.ac., con domicilio legal y comercial en Milán, calle Roma nº 7, teléfono 159.783.

Ponemos además en su conocimiento que, nuestra Sociedad, dispone de una dirección técnica eficiente y de equipos adecuados que le permiten ejecutar cualquier trabajo de construcción vial, como asimismo obras de albañilería en general, por cuenta de entidades públicas y también de empresas particulares.

El serio propósito de contentar a nuestros clientes nos hace abrigar la esperanza que Vds no dejarán de consultarnos para eventuales ejecuciones de trabajos.

Mientras quedamos a su disposición para cualquier esclarecimiento que puedan necesitar, confiamos que se servirán tomar nota de esta comunicación nuestra.

Les saludamos atentamente suyos ss.ss.

....

I-7 - Constitución (respuesta)

.... 16 de Mayo de 19......

Sres ....
....
....

Muy Sres míos;

La presente tiene por objeto comunicarles que he recibido su circular y la lista de precios que han tenido a bien remitirme.

Desde ahora, les aseguro que aprovecharé sus ofertas en todas las ocasiones. Dada la paralización de los negocios no puedo entablar por ahora ninguna operación, pero espero que la crisis cesará pronto y, en tal caso, pueden Vds contar de seguro con mis pedidos.

Mientras tanto, queda de Vds atto y s.s.

....

I-8 - Constitución (respuesta)

.... 15 de Marzo de 19......

Sres ....
....
....

Muy Sres nuestros;

Obra en nuestro poder su circular fecha 1º de enero en la que nos informan de haber fundado una empresa de comisiones.

Hemos tomado nota de su oferta y les rogamos tengan la amabilidad de comunicarnos sus condiciones. Si, como esperamos, éstas serán ventajosas, a la primera ocasión favorable no dejaremos de aprovecharlas para entablar negocios con Vds que no tardarán a ser importantes.

Quedamos en la espera de sus gratas noticias y, mientras tanto, les saludan atentamente ss.ss.

....

El Director

....

I-9 - Constitución (respuesta)

.... 7 de Julio de 19......

Sr. Don ....

....

....

Muy Sr. mío;

Ha llegado a mis manos su circular de fecha
...................................., en la que me anuncia haber
establecido, en esa ciudad, una empresa para la
compra-venta en comisión de toda clase de productos nacionales y para el despacho, a cualquier
país sudamericano, de mercaderías provenientes
de Europa.

Le doy las gracias por sus amables ofertas de
servicio, que no dejaré de tener presentes en toda
eventualidad. Y le aseguro que, por mi parte,
las aprovecharé gustoso apenas se presente la
ocasión.

Le deseo un feliz éxito en sus negocios y me
suscribo

de Vd atto y s.s.

....

I-10 - Modificación

..............de..............de 19......

Muy Sres nuestros;

Cumplimos el deber de llevar a su conocimiento
que hemos admitido a formar parte de nuestra

sociedad a Don. N............ T............, nuestro activo colaborador desde la fundación de la casa, a quien ya habíamos dado poderes.

No se llevará a cabo ninguna variación en nuestra firma que, como por el pasado, continuará trabajando bajo la razón

V............ O............ B............ & Cia

y con el mismo capital social originario.

Les quedaremos sumamente agradecidos si continúan honrándonos con su confianza y confiándonos sus pedidos que, como siempre, serán atendidos escrupolosamente.

Aprovechamos la ocasión para reiterarnos suyos attos y ss.ss.

V........ O........ B........ & C.

El Director

....

I-11 - Modificación

Fecha del matasellos

Muy Sres nuestros;

Cumplimos el deber de participarles que, a raíz de la dolorosa pérdida que sufrimos en el pasado mes de Noviembre con la muerte de nuestro malogrado socio Don ...., fallecido en plena juventud, la Sociedad...................., ...& Cia, que acaba de finalizar, no será prorrogada.

Según podrán ver por la circular adjunta, los socios supervivientes Sres.................... & ...., reanudarán y continuarán los negocios de la Sociedad extinguida.

En la esperanza de que Vds mantendrán con la nueva Sociedad las cordiales relaciones que tenían con la anterior, dándoles las gracias por las atenciones que siempre nos dispensaron, nos reiteramos de Vds attos y ss.ss.

p................... & ....

I-12 - Modificación

.... 5 de Mayo de 19......

Muy Sr. mío;

Tengo el gusto de participarle que, con el objeto de dar un mayor desarrollo a mis negocios, ha entrado a formar parte de mi empresa Don Luís Cometti, en calidad de socio capitalista.

Me es por lo tanto grato comunicarle que, a partir del próximo mes de junio la nueva razón social será la siguiente:

MIRELLI & COMETTI

Abrigo la esperanza de que Vd continuará dispensando a la nueva firma la misma confianza y el apoyo con que siempre me honró y, dándole las gracias de antemano, le saludo atentamente reiterándome

de Vd s.s.

MARIO MIRELLI

I-13 - Modificación

...............de...............de 19......

Muy Sres nuestros;

Refiriéndonos a la circular que les mandamos informándoles que, a causa de la muerte del malo-

grado señor Don ...., la Sociedad ....,
.... & Cia, caducada en fecha 31 de Diciembre ppdo no será prorrogada, nos es grato
poner en su conocimiento que nosotros reanudaremos y continuaremos los negocios de dicha Sociedad. A tal objeto, en esta fecha, hemos formado
una nueva sociedad bajo la razón social

N........................ & Z ....

Abrigamos la esperanza que querrán conservar
con la nueva Firma las buenas relaciones que tenían Vds con la antigua prometiéndoles, por nuestra parte, servirles con el mismo esmero y solicitud
que en lo pasado.

Rogándoles se sirvan tomar nota de las firmas
indicadas al pie de la presente, pasamos a saludarles y suscribirnos de Vds attos y ss.ss.

N........................ & Z........................

Don............................ firmará
Don............................ firmará

I-14 - Modificación

.... 20 de Mayo de 19......

Sres ....

....

....

Muy Sres nuestros;

Con harto sentimiento les informamos que el
perito mercantil Don Telesio Ciotti, coadministra-
dor de n/ Sociedad juntamente con Don Pedro

Colleoni, falleció el día 29 de abril ppdo después de breve enfermedad.

Por consiguiente, hemos debido proceder a la convocatoria de una asamblea extraordinaria de n/ Sociedad, que ha decidido el nombramiento de Don Pedro Colleoni a administrador único encargado de la dirección general de la Sociedad.

En dicha asamblea se han tomado también todos aquellos proveimientos útiles para asegurar el desarrollo de nuestra actividad.

Confiamos en que nos honrarán manteniendo su confianza a n/ Sociedad y, por nuestra parte, les aseguramos nuestra eficaz colaboración.

Les saludamos atentamente y quedamos

de Vds ss.ss.
El Administrador único

I-15 - Traspaso de empresa

...............de...............de 19......

Muy Sres nuestros;

Después de unos treinta y cinco años de honrado trabajo en el comercio, nuestro padre Don ....ha decidido retirarse de los negocios y cedernos su empresa.

Por lo tanto, tenemos el gusto de participarles el traspaso, a consecuencia del cual la empresa cambia su denominación social en la de..................
.... & .... de ....

Confiamos que continuaremos mereciendo de Vds el aprecio que tuvieron siempre a nuestro padre.

Les rogamos se sirvan tomar nota de nuestras firmas y aprovechamos esta oportunidad para saludarles atentamente y quedar

de Vds ss.ss.

....

I-16 - Traspaso de empresa

..............de...............de 19......

Muy Sres míos;

Cumplo el deber de comunicar a Vds la muerte de Don ...., titular de la firma homónima, acaecida el .... del corriente mes.

Dado que no me es posible continuar el comercio de mi padre, he determinado traspasar la empresa al Sr. Don .... el cual se ha hecho cargo de la liquidación del activo y pasivo de la misma. Les ruego, por lo tanto, tengan a bien dirigirse a dicho Sr. por cualquier razón de crédito o de débito que puedan Vds tener hacia la empresa que he traspasado.

Aprovecho la oportunidad para saludarles y suscribirme

de Vds atto y s.s.

....

I-17 - Adquisición de una empresa por traspaso

.... 5 de Mayo de 19......

Muy Sres míos;

En conformidad al contenido de la circular del hijo y heredero de Don Orestes Rossi, tengo el gusto de comunicarles que, en fecha 2 de los corrientes, me he hecho cargo de la firma Rossi Orestes asumiendo contemporáneamente la liquidación del activo y pasivo de la misma.

Con el fin de poder proceder rápidamente al arreglo de los asuntos pendientes, ruego a Vds tengan a bien remitirme una nota del estado de su cuenta con mi antecesor.

Confío me honrarán con la misma confianza que antes dispensaron al finado Señor Rossi y les ruego se sirvan tomar nota de mi firma.

Saludándoles atentamente, me suscribo de Vds s. s.

....

I-18 - Disolución

...............de...............de 19......

Muy Sr. nuestro;

Pasamos a informarle que la sociedad que existía entre nosotros bajo la razón social

B.................... & C....................

ha quedado disuelta, de común acuerdo, en esta fecha.

El Prof. Mercantil Don X............... Y...................., ha sido encargado de la liquidación de la misma y, con su circular, hará conocer a Vds sus nuevas disposiciones.

Les damos las gracias por la confianza que siempre nos demostraron y nos reiteramos de Vds attos y ss.ss.

B...................... & C......................

I-19 - Disolución

...............de...............de 19......

Muy Sr. nuestro;

Llevamos a su conocimiento que, a raíz de la muerte de nuestro titular acaecida el........................, nuestra casa cesará su actividad comercial a partir del próximo mes de........................

Los herederos han procedido al nombramiento del Perito Mercantil Don .... como liquidador de la empresa, por lo que les rogamos tengan a bien dirigirse a dicho Sr. para cualquier esclaracimiento concerniente las relaciones de Vds con nuestra casa.

Aprovechamos esta oportunidad para reiterarnos como siempre

de Vds attos y ss. ss.

....

I-20 - Disolución

.... 3 de Febrero de 19......

Muy Sr. nuestro;

A causa de la irreparable pérdida que hemos sufrido por la muerte de nuestro querido padre, acaecida el ...., queda disuelta nuestra Sociedad, de cuya liquidación ha sido encargado el Perito Mercantil Don .... (calle........................... nº................).

Reiterándole las gracias por la confianza con que siempre nos honró, saludamos a Vd muy atentamente y quedamos

suyos ss.ss.

....

I-21 - Fusión (a los clientes)

...............de...............de 19......

Muy Sr. nuestro;

Nos es grato poner en su conocimiento que, las firmas:

Pietro Colli - Turín
Alberto Berti - Turín

se han fusionado bajo la razón social

C........................ & B........................

La fusión de las dos empresas, poniendo en común los estudios y los esfuerzos realizados hasta ahora, hará posible el mejoramiento de la calidad de nuestros productos y reducir notablemente los costes, de modo de poder proporcionar a nuestros estimados clientes precios de absoluta competencia.

Confiamos tener el gusto de vernos favorecidos en breve con sus gratos pedidos, asegurándole desde ahora que los ejecutaremos con la máxima solicitud.

Quedamos de Vd attos y ss.ss.

Colli & Berti

I-22 - Fusión (a los abastecedores)

.... 7 de Octubre de 19......

Sres ....

....

....

Muy Sres nuestros;

Plácenos comunicarles que, bajo la razón social

COLLI & BERTI

han quedado fusionadas las antiguas firmas:

Pedro Colli   - Turín

Alberto Berti - Turín

La nueva entidad ha sido inscrita regularmente en el registro de las empresas del tribunal de Turín y, la firma social, ha sido reservada a nuestro socio Don Pedro Colli.

Con la fusión de las dos empresas, que nos permite una notable economía en los gastos, podremos dar un mayor impulso a nuestro trabajo y afirmar cada vez más nuestros productos.

En la esperanza de que querrán confirmar a nuestra nueva casa la misma confianza que nos han demostrado en el pasado, les anticipamos las más expresivas gracias y nos suscribimos

de Vds attos y ss.ss.

COLLI & BERTI

I-23 - Traslado

................de...............:de 19......

Muy Sr. nuestro;

Tenemos el placer de comunicarle que nos hemos trasladado al nuevo domicilio sito en

Calle Carlo Cattaneo n. 9 - Teléfono 39.173

donde nos permitimos rogarle tenga a bien honrarnos con su grata visita.

En tal ocasión, tendremos mucho gusto en someter a su examen, sin algún compromiso de compra por parte de Vd, nuestros modelos más recientes, que no dudamos serán de su agrado y merecerán su aprobación.

Esperando pues poder hacerlo personalmente, le saludan mientras tanto sus attos y ss.ss.

....

I-24 - Traslado (apertura de nuevas oficinas o despacho)

Telegramas:...............C.C. Milán N......

Milán (Fecha del matasellos)

Muy Sr. nuestro;

Para poder atender cada vez mejor las necesidades de nuestros estimados clientes, hemos instalado nuestras nuevas oficinas en las calles

Giuseppe Mazzini - Dante

Teléfonos: 57382 - 159647 - 88936 - 98765

Al rogarle se sirva tomar nota de la nueva dirección y de los números telefónicos, le aseguramos que, como en el pasado, y hoy todavía mejor, sus gratas órdenes serán ejecutados con puntualidad y precisión.

De Vd attos y ss.ss.

Banco K.Y.M....................

I-25 - Traslado

.... 20 de Agosto de 19......

Sr. Don ....

....

....

Muy Sr. nuestro;

Cábenos el placer de informar a Vd que, a partir del 1º de Septiembre p. v., trasladaremos nuestros almacenes a los locales más céntricos situados en la

Plaza de la Señoría, 98.

Estos nuevos y amplios locales y el continuo aumento de los negocios, nos permiten incrementar nuestro surtido de modo de dar abasto a todas las demandas de nuestros clientes.

Le rogamos se sirva tomar nota de nuestra nueva dirección y de honrarnos con su grata visita durante la semana inaugural.

Agradeciéndole de antemano la atención, somos

de Vd muy attos y ss.ss.

....

I-26 - Traslado

.... 31 de Marzo de 19......

Muy Sr. mío;

Tengo el gusto de participarle que, a partir del día 15 de abril trasladaré mi despacho a la calle Independencia n. 9.

Le ruego, por lo tanto, me dirija la correspondencia o cualquiera otra comunicación a mi nuevo domicilio.

Aprovecho la oportunidad para saludarle atentamente y reiterarme de Vd s.s.

....

I-27 - Traslado

.... 26 de Mayo de 19......

Muy Sres míos;

La presente tiene por objeto comunicarles que he traslado mi oficina a la

Calle Carlos Cattaneo, 5 - Teléfono 39.173.

De hoy en adelante, les ruego se sirvan dirigirme la correspondencia y las mercancías a la susodicha dirección.

Me es grato saludarles y suscribirme

de Vds atto y s.s.
ARÍSTIDES FORNI

I-28 - Traslado

.... 15 de Mayo de 19......

Sres ....

....

....

Muy Sres nuestros;

Les rogamos se sirvan tomar nota del traslado de nuestras oficinas y del taller a los nuevos locales de la calle............................... nº..............

Gracias a la potencialidad del equipo moderni-
zado, ahora estamos en condiciones de satisfacer
con mayor prontitud las exigencias de nuestros
clientes.

En la confianza que continuarán honrándonos
con su preferencia, cábenos confirmar a Vds que
mantendremos la acostumbrada rapidez en las
entregas, a fin de que queden siempre satisfechos
de nuestros suministros.

Les comunicamos además que, con ocasión del
establecimiento en el nuevo domicilio, los primeros
quince días dedicaremos nuestra actividad a la
liquidación de los modelos antiguos que cederemos
con descuentos verdaderamente ventajosos.

Mientras, aprovechamos la ocasión para saludarles atentamente y suscribirnos de Vds ss.ss.

....

I-29 - Traslado

Fecha del matasellos

Sres ....
....
....

Muy Sres nuestros;

Tenemos el gusto de informarles que, a partir
del día 26 de septiembre p.v., nuestro despacho de
ventas para la Lombardía lo trasladamos donde
nuestro Depósito Central de PERO (Milán).

Desde esa fecha les rogamos que, para la
ejecución de los pedidos de Vds, se pongan al habla

con los siguientes números telefónicos:

9.22.42.53 - 9.45.21.31 - 9.12.42.31

La correspondencia y los pedidos por escrito, pueden continuar enviándolos a nuestro apartado de correos nº 874 - Milán.

Les saludamos atentamente

de Vds ss.ss.

....

II

CIRCULARES

NOMBRAMIENTO

REVOCACIÓN Y DESPIDO

OTORGAMIENTO DE PODER

SEGUNDA SERIE

II-1 - Nombramiento de representante

Fecha del matasellos

Muy Sr. nuestro;

Tenemos el gusto de comunicarle que Don .... de (ciudad) .... calle .... nº .... teléf. ...., es nuestro representante actual para la zona de Vds, en substitución de Don .... que ha dejado nuestra casa debido a su estado de salud.

Le rogamos se dirija a nuestro nuevo representante para todo lo que Vd necesite.

Aprovechamos la ocasión para saludarle y reiterarnos

de Vd attos y ss.ss.

....

II-2 - Nombramiento

...............de...............de 19......

Muy Sres nuestros;

Llevamos a su conocimiento que Don M............ N............, deseando retirarse de los negocios, deja en esta fecha nuestra casa de la que fué administrador único durante más de .... años.

El curso de nuestros negocios queda invariado dado que Don M............ N............ será substituido por su hijo Don P............ quien, desde hoy, asume el mandato que antes tuvo su padre.

Confiamos en que, por parte de Vds, continuarán también invariadas las relaciones què desde hace años mantienen nuestras casas con mútua satisfacción; antes bien, esperamos nos aumentarán la confianza de la cual nos hemos hecho merecedores.

Nos es grata esta oportunidad para reiterarnos come siempre

de Vds attos y ss.ss.

....

II-3 - Presentación de un viajante

...............de...............de 19......

Muy Sres nuestros;

Les presentamos nuestro viajante

Don..

el cual está encargado de las ventas a plazos y autorizado para cobrar y extender recibos por nuestra cuenta.

Les rogamos se sirvan reservarle una buena acogida y, con ella, sus gratos pedidos, por lo que les damos las gracias de antemano suscribiéndonos de Vds muy attos y ss.ss.

....

II-4 - Nombramiento de un inspector viajante

Fecha del matasellos

Muy Sr. nuestro;

La presente tiene per objeto participarles que con fecha 1-6-19.... ha entrado a nuestro servicio, en calidad de inspector viajante para las regiones de Emilia, Marcas y Umbria, el señor Don Fulvio Spinelli.

Además de las atribuciones ordinarias, hemos confiado también al Sr. Spinelli aquella de cobrar y extender recibos y finiquitos por nuestra cuenta sin limitación de cantidades.

Dado que se dirige a la zona que le hemos asignado para llevar a cabo su cometido, rogamos a Vd se sirva dispensar una buena acogida a nuestro funcionario.

Por lo cual, le anticipamos las más expresivas gracias y quedamos

de Vds attos y ss.ss.

....

II-5 - Despido de viajantes

...............de...............de 19......

Muy Sr. nuestro;

Sirve la presente para participarle que, con motivo de las nuevas disposiciones administrativas que ha tomado nuestra dirección, hemos suspendido las ventas a plazos y, por lo tanto, hemos procedido al despido de todos los viajantes que se ocupaban de ellas. En consecuencia, la liquidación de las ventas efectuadas se hará directamente por conducto de nuestra sección de contabilidad (Dep. P.), a la cual le rogamos se sirva remitir el importe de los plazos a medida que venzan, como asimismo dirigirse para cualquier informe.

Aprovechamos la oportunidad para saludarle atentamente

suyos ss.ss.

X............ Y................ & Cia

II-6 - Despido de viajantes

...............de...............de 19......

Muy Sres nuestros;

Cumplimos el deber de llevar a su conocimiento que esta su casa, con el objeto de disminuir los gastos, ha exonerado de sus funciones a todo el personal que cubría la plaza de viajante.

Les invitamos, por lo tanto, a abstenerse de confiar pedidos o efectuar pagos a cualquiera que se presente en calidad de tal; y les rogamos dirigirse exclusivamente a nuestra dirección.

Nos es grato saludarles con todo aprecio y suscribirnos

de Vds attos y ss.ss.

....

II-7 - Otorgamiento de poder

...............de...............de 19......

Muy Sres nuestros;

Nuestro Consejo de Administración, a propuesta de su Presidente, ha deliberado nombrar dos Apoderados designando para ello a nuestros Sres:

Don.. director comercial, y
Don...................................... director administrativo
de nuestra Sociedad.

Al rogarles se sirvan tomar nota de cuanto
precede, les manifestamos que los mencionados
Sres firmarán en la forma indicada al pie de la
presente.

Aprovechamos la ocasión para saludarles atentamente y suscribirnos de Vds ss.ss.

Soc. ....
El Director General

Don................ firmará: p.p. del Director General
Don................ firmará: p.p. del Director General

II-8 · Otorgamiento de poder

...............de...............de 19......

Muy Sr. mío;

Pláceme comunicarle que con acto notarial........
.... nº........... de rep., hoy mismo he otorgado poder general al señor Don............................,
el cual tratará por mi cuenta todos los asuntos
de mi casa.

Le ruego se sirva tomar nota de la firma de
mi Apoderado.

Sin otro particular, queda de Vd atto y s.s.

....

Don................................ firmará:

p.p. ....

....

II-9 - Otorgamiento de poder

................de................de 19......

Muy Sres nuestros;

Llevamos a su conocimiento que, mediante escritura notarial de esta fecha, hemos otorgado poder general a Don N................ B................, el cual desempeñará el cargo de gerente de nuestra casa filial de..

Les rogamos tengan a bien reservarle sus gratos pedidos y concederle la misma confianza con que nos han honrado a nosotros.

Dándoles las más expresivas gracias de antemano, saludan a Vds con aprecio y consideración sus attos y ss.ss.

A................ & M................

III

CIRCULARES

CIRCULARES PUBLICITARIAS

TERCERA SERIE

III-1

Fecha del matasellos

Muy Sr. nuestro;

Creemos que Vd está enterado de nuestro servicio de envíos de las publicaciones recientes que, de vez en cuando, mandamos en examen a un reducido círculo de personas, proporcionándoles la comodidad de tenerlas al corriente de las novedades en materia de libros.

Hoy nos permitimos remitirle a Vd las obras abajo indicadas, en las cuales encontrará también reseñas o fichas informativas. Le adjuntamos además una hoja de respuesta, que le rogamos tenga a bien devolvernos llenada debidamente.

Un encargado nuestro, provisto de la tarjeta de reconocimiento y del talón de control, pasará por su casa para retirar las obras.

Aprovechamos la ocasión para saludarle atentamente y suscribirnos de Vd ss.ss.

C................ & Cia

III-2

Fecha del matasellos

Muy Sr. nuestro;

Nos permitimos recordarle que nuestra Sociedad, especializada desde varios años en la construcción de ascensores y montacargas, tiene siempre sus técnicos a disposición de Vd para todos aquellos informes, proyectos u ofertas que pudiese necesitar respecto a la instalación de dichos aparatos. Esto, naturalmente, sin compromiso alguno por parte de Vd.

Al mismo tiempo, le rogamos se sirva tomar nota que nuestra casa ha equipado una sección especial para el entretenimiento, reparaciones y arreglos de cualquier tipo y marca.

Abrigamos la esperanza que no dejará de consultarnos y, pendientes de sus gratas órdenes, nos suscribirnos

de Vd attos y ss.ss.

....

III-3

Fecha del matasellos

Muy Sres nuestros;

Nos es grato participarles que somos fabricantes de baúles y especializados en todos los tipos para muestrarios, tanto de forma corriente como de armario.

Para cada industria, para cada uso, podemos suministrar el baúl adecuado para el muestrario, en relación al peso y a la calidad de las muestras que debe contener. Para las industrias de confecciones, y particularmente para las de abrigos de pieles y sastrerías, tenemos baúles especiales con aparatos colgaderos extensibles adecuados para la inmediata exposición.

Para las fábricas de tejidos, de géneros de punto y de ropa interior en general, tenemos baúles a propósito con cajones que permiten hacer una exposición ordenada y elegante con la menor pérdida de tiempo.

Si cuanto hemos expuesto les interesa para su industria, pueden Vds consultarnos, sin compromiso por su parte, que tendremos mucho gusto en someterles lo mejor que existe y a precios de absoluta competencia.

Siempre a sus órdenes, les saludamos quedando de Vds attos y ss.ss.

....

III-4

Sra Doña ....
....
....

Distinguida Señora;

Con ocasión de la preparación de una exposición mía, en la que presento un buen número de nuevos modelos de objetos de sobremesa de plata de mi producción, me permito recordar a Vd que, para fiestas y solemnidades como: bodas, cumpleaños, onomásticos, etc., un regalo de platería es siempre precioso que, también a un acto tradicional, une utilidad y elegancia.

Quedaría sumamente agradecido si se dignara visitar mi laboratorio, donde presento la susodicha exposición y, sin compromiso alguno por su parte, podrá estimar la variedad de los objetos y la conveniencia de sus precios.

Confiando verme honrado con su visita quedo de Vd con todo aprecio y consideración, atto y s.s.

III-5

Fecha del matasellos

Muy Sres nuestros;

Nos permitimos llamar la atención de Vds sobre los siguientes tipos de cola de nuestra fabricación:

cola de huesos en escamas;
cola de huesos en tabletas normales;
cola mixta en tabletas delgadas;
cola de huesos opaca en tabletas delgadas;
cola pura piel;
cola conejo;
cola de huesos en pasta;
colas, gelatinas técnicas y alimenticias.

Más de veinticinco años de existencia y una numerosa clientela, podrían dispensarnos de toda clase de propaganda. Sin embargo, les rogamos tengan a bien solicitarnos oferta con los precios del día, pues tenemos la seguridad de que los hallarán de su absoluta conveniencia.

Siempre a sus gratas órdenes, aprovechamos esta ocasión para saludarles atentamente y suscribirnos

de Vds ss.ss.

III-6

Fecha del matasellos

Distinguido Doctor;

Nos cabe el placer de informar a Vd que hemos publicado la tan esperada obra

Estreptomicina

edición española de la colección norteamericana de los trabajos sobre este novísimo producto farmacéutico. La esmerada traducción es del Doctor Brufal de la Clínica Médica de la Universidad de Barcelona.

Le obra completa recoge en unas 800 páginas todas las noticias más recientes sobre el argumento.

El tomo, dividido en dos partes, comprende:

I) Consideraciones generales (historia, actividad, posología, preparación, etc.);

II) Enfermedades específicas (aplicaciones terapéuticas de la estreptomicina en las diversas enfermedades, con la relación de las casuísticas clínicas y de los resultados obtenidos).

Completan la obra numerosas tablas e ilustraciones. Su precio es de .... Lit.

Adjuntamos a la presente una hoja de pedido y, apenas la recibamos de vuelta, llenada debidamente, le enviaremos inmediatamente la obra a su domicilio libre de todo gasto.

Aprovechamos gustosos la ocasión para saludarle y suscribirnos con toda consideración de Vd muy attos y ss.ss.

....

III-7

Dr. ....
....
....

Distinguido Doctor;

Sabemos que, por exigencias de su profesión, necesita disponer de una máquina calculadora moderna y veloz; por lo que nos permitimos presentarle nuestro último modelo « H-3 », la calculadora más eficiente que reúne, además de los requisitos susodichos, todas las características respondientes a las exigencias de un vasto público, acrisoladas por nuestros revendedores y técnicos, coadyuvados por organizaciones especializadas en investigaciones de mercado.

Tenemos el gusto de someter a su atención este nuevo modelo, y agradeceríamos que Vd pudiese darse cuenta personalmente de las soluciones técnicas de vanguardia que lo distinguen.

En la espera de su grata visita a nuestro « stand » en la Feria anual de Muestras Internacional de Milán, le saludamos con todo aprecio y consideración

de Vd attos y ss.ss.

III-8

Fecha del matasellos

Muy Sres míos;

Adjuntos a la presente tengo el gusto de enviarles los prospectos de tres máquinas accesorias para molinos y fábricas de pastas alimenticias, que estimo podrán interesarles:

Para macarrones largos en paquetes: el aparato empaquetador rápido, patente K-253374, en su último modelo 1968 M.C.E. (Movimiento Cortador Eléctrico).

Para pastas alimentacias cortas: la máquina pesadora automática que, además, sirve para cualquiera otra substancia granillosa como sémola, harina de maíz, arroz, legumbres, etc.

Para la harina blanca: La ensacadora realizada expresamente para eliminar todas las pérdidas y las molestias que se verifican en el ensacado de este producto.

Cierto de que las tres máquinas arriba indicadas merecerán su interés, quedo a disposición de Vds para proporcionarles cualquier esclarecimiento que puedan desear.

En espera de sus gratas nuevas, les saludo atentamente

de Vds s.s.

....

III-9

Fecha del matasellos

Muy Sres nuestros;

Para sus obsequios, regalos a clientes y bonos premio, nuestra casa les ofrece

— un bonito servicio de cubiertos de acero inoxidable, con estuche, compuesto de:

    12 cucharas
    12 tenedores
    12 cuchillos

12 tenedores para fruta

12 cuchillos para fruta

12 cucharillas

1 cucharón

2 cazos

al precio neto de .... liras.

Además, todo nuestro surtido de: cubiertos de plata, plateados, y de acero inoxidable; batería de cocina de acero inoxidable con difusor de calor de cobre, está a disposición de Vds. Nuestro personal tendrá mucho gusto en someterles muestras y precios muy interesantes.

En espera de sus gratas noticias quedamos

de Vds attos y ss.ss.

....

III-10

Fecha del matasellos

Muy Sres nuestros;

Tenemos el gusto de informarles que, en el campo de las tuberías antiácidas, hemos logrado por primeros, producir en vasta escala los manguitos y la valvulería estampada en material plástico.

Las características principales de nuestros nuevos productos son:

— ligereza

— ser atóxicos

— impermeabilidad y alisadura

— resistencia a los agentes químicos

— alto poder aislante

— ininflamabilidad

— resistencia a la presión

— resistencia a los agentes atmosféricos.

Si cuanto arriba expuesto les interesa, estamos a su disposición para mandarles catálogos, listas de precios y darles todos los pormenores que puedan necesitar ulteriormente.

Quedamos pendientes de sus gratas noticias, aprovechando la ocasión para saludarles atentamente

de Vds ss.ss.

....

III-11

Fecha del matasellos

A la cortés atención del Departamento de Compras.

Muy Sres nuestros;

Nos es grato poner en su conocimiento que, desde hace tiempo, hemos centralizado en nuestra oficina de Milán el servicio ventas para Italia de los productos farmacéuticos.

Les adjuntamos una lista por la que podrán notar los productos de nuestra elaboración corriente, y les quedaremos muy agradecidos si, en ocasión de sus necesidades futuras, tienen a bien interrogarnos.

Aprovechamos la ocasión para saludarles atentamente y suscribirnos

de Vds ss.ss.

....

El Consejero Delegado

....

IV

CARTAS

CUARTA SERIE

IV-1 - Demanda de empleo a raíz de un anuncio en la prensa

.... 15 de Marzo de 19......

Sres ....

....

....

Muy Sres míos;

En su anuncio inserto en el Correo de la Tarde de ayer, leo que buscan Vds un tenedor de libros práctico en la contabilidad industrial y me permito concurrir a dicha plaza.

Debo manifestarles que, durante once años, he ocupado una plaza análoga en la fundición Brambilla y Cía y a completa satisfacción de la dirección de la misma, por lo que creo puedo satisfacer igualmente todas las exigencias de Vds. Me he visto obligado a abandonar la plaza porque la firma .... y Cía ha cesado su actividad y se encuentra en liquidación.

Mis pretensiones se concretan a un sueldo mensual de .... liras, que estimo sea adecuado y que Vds podrán concederme.

Les incluyo una breve reseña de mis datos personales y copias de los certificados en mi poder.

En la esperanza de una contestación favorable,

quedo pendiente de sus gratas nuevas y aprovecho la ocasión para saludarles atentamente y suscribirme

de Vds s.s.

....

Calle ....

IV-2 - Demanda de empleo a raíz de un anuncio en la prensa

.... 31 de Mayo de 19......

Sres..............................
Calle ....

....

Muy Sres míos;

Me permito solicitar la plaza de escaparatista ofrecida en el anuncio publicado por Vds en el « Correo de la Tarde ».

Durante ocho años he trabajado en la casa ...., cuya plaza tuve que abandonar por haber sido incorporado a filas.

La Dirección de la firma susodicha, tendrá mucho gusto en proporcionarles toda clase de informes que Vds estimen oportuno pedirle acerca de mí.

Les incluyo la reseña de mis datos personales y copia del certificado de trabajo.

En la esperanza de que me sea asignada la plaza, les doy de antemano las más expresivas gracias y quedo a sus órdenes

de Vds atto y s.s.

....

IV-3 - Demanda de empleo a raíz de un anuncio en la prensa

...............de...............de 19......

Sres A........ G........ y Cía
Plaza...................................., 25

....

Muy Sres míos;

Por su anuncio inserto en el diario X...............
me entero que buscan un hábil ensayador de metales y práctico en análisis de barnices. Dado que
reúno tales requisitos, les quedaré sumamente agradecido si tienen a bien ponerme a prueba.

Tengo treinta y dos años y he estado empleado,
con análogas funciones, en la firma S.A.C.C. do-
miciliada en ....calle .... nº...............

Estoy libre de otros compromisos y, con mucho
gusto, puedo presentarme a Vds para concretar el
sueldo, por lo que les ruego tengan la amabilidad
de fijarme el día y la hora en que pueden recibirme.

En espera de su contestación, que abrigo la
esperanza será favorable, aprovecho la ocasión
para saludarles y suscribirme a sus órdenes atto
y s.s.

....

IV-4 - Demanda de empleo

...............de...............de 19......

Sres ....

....

....

Muy Sres míos;

Por el señor Don Renato P...................., jefe de
despacho de su importante firma, he sido infor-

mado que, para fines del próximo mes, quedará
vacante la plaza de cajero adjunto de la M.E.S.C.A.

Habiéndome asegurado el mencionado Sr. que
mi demanda será acogida favorablemente, me permito dirigirles la presente instancia para conseguir
dicha plaza. En prueba de mi capacidad y honradez, adjunto a Vds una declaración del dueño de
la casa donde estoy empleado actualmente como
cajero y, además, les informo que puedo prestar
una fianza de .... liras.

El dueño de la firma donde desempeño actualmente el cargo de cajero, queda a disposición de
Vds para darles todos los informes que deseen a
mi respecto y, asímismo, manifestarles también que
abandono con pena su casa con el solo objeto de
mejorar mi situación económica.

Me será muy placentero recibir una contestación favorable a la presente y, en tal espera, anticipándoles las gracias, saluda a Vds con toda consideración su atto y s.s.

....

IV-5 - Demanda de empleo

................de................de 19......

Sres ....
....
....

Muy Sres míos;

Me permito dirigirles la presente para suplicarles tengan a bien dar una favorable acogida a
la solicitud que les hago, con el objeto de conseguir una plaza de dependiente en su estimada casa.

Me dirijo a Vds con el objeto de no quedar cesante dado que, la.................................. de ésta, donde he trabajado durante diez años, como Vds saben, cesará sus actividades el 30 de los corrientes.

La........................... S.A. podrá darles informes detallados a mi respecto y, como quiera que serán favorables sin duda alguna, abrigo la esperanza que les inducirán a aceptar mi demanda.

Pendiente de sus gratas nuevas sobre el particular, dóyles de antemano las más expresivas gracias y quedo

de Vds atto y s.s.

....

s/c Calle........................ nº........

IV-6 - Demanda de empleo

...............de...............de 19......

Sres ....

....

....

Muy Sres míos;

El infraescrito, habiendo terminado recientemente los cursos de la Escuela Profesional de la Moda y Confecciones, de Milán, se permite dirigirles la presente solicitud para conseguir una plaza en esa importante Sociedad.

El infraescrito quedará sumamente complacido si, para informes sobre su capacidad, quieren dirigirse al Presidente de dicha escuela de la que fué alumno por toda la duración del curso.

Con la esperanza de recibir una contestación

afirmativa, da las gracias de antemano y queda de Vds atto y s.s.

....

s/c Calle ....

Anexo:

Copia del diploma de la Escuela Profesional de la Moda y Confecciones, de Milán.

IV-7 - Respuesta afirmativa

.... 22 de Junio de 19......

Sres ....
....
....

Muy Sr. nuestro;

Hemos recibido su atta fecha 31 de Mayo ppdo y, dado que hemos tomado su demanda en consideración, le rogamos pase por nuestro despacho (Oficina del Personal), el dia 25 del corriente a las tres de la tarde, con el objeto de establecer las condiciones relativas al sueldo y a la entrada en servicio en esta su casa.

Le rogamos se sirva acusarnos recibo de la presente dándonos a conocer si está libre de compromisos, o cuando podrá estarlo con toda probabilidad.

En tal espera, le saludan atentamente sus ss.ss.

....

IV-8 - Contestación afirmativa

...............de...............de 19......

Sr. Don A............... B...............

....

Muy Sr. nuestro;

La dirección de nuestra Sociedad ha acogido favorablemente su demanda para ocupar la plaza vacante de ensayador de metales y análisis de barnices.

Rogamos a Vd, por lo tanto, se sirva pasar por nuestra oficina del personal para fijar la fecha de su entrada en servicio.

Mientras tanto, quedamos de Vd attos y ss.ss.

....

IV-9 - Respuesta evasiva

...............de...............de 19......

Sr. Don ....
Carrera ....

....

Muy Sr. nuestro;

Ha llegado regularmente a nuestras manos su atta del 7 de los corrientes cuyo contenido hemos examinado con la merecida atención. Por lo tanto, podemos asegurarle que tendremos su nombre en cuenta para nuestras futuras necesidades y que, en tal ocasión, no dejaremos de consultarle.

Mientras tanto, aprovechamos gustosos la ocasión para saludarle atentamente y suscribirnos de Vd ss.ss.

....

IV-10 - Contestación negativa

...............de...............de 19......

Sr. Don ....
Calle ....

....

Muy Sr. nuestro;

Hemos recibido regularmente su atta fecha 7 del corriente.

Sentimos manifestarle que no nos es posible aprovechar su oferta como tenedor de libros de nuestra casa.

Sin embargo, hemos tomado nota de las copias de los certificados que nos ha remitido y, dadas sus óptimas cualidades, no dejaremos de tener en cuenta su demanda para aprovecharla como se merece en el caso que se presente la ocasión.

Nos es grato saludarle y suscribirnos attos y ss.ss.

....

IV-11 - Respuesta negativa

.... 21 de Junio de 19......

Sr. Don ....
....
....

Muy Sr. nuestro;

En contestación a su atta fecha 10 del corr., sentimos mucho manifestarle que, por el momento, no podemos tomar en consideración su oferta de servicios por hallarse nuestro personal al completo, y no haber alguna plaza disponible en la actualidad. No dejaremos de tener presente su oferta, en el caso que se verifique la posibilidad para nosotros de aprovecharla.

Nos es grata la ocasión para suscribirnos de Vd attos y ss.ss.

....

El Director

....

IV-12 - Contestación negativa

.... 26 de Junio de 19......

Sr. Don ....

....

....

Muy Sr. nuestro;

Contestamos a su atta del 10 del corriente.

Cumplimos el deber de manifestarle que, la dirección de nuestra Sociedad, no cree oportuno poner en concurso la plaza para la cual nos ha dirigido Vd su demanda. La plaza que ha quedado vacante, será confiada, a su debido tiempo, a uno de nuestros dependientes, que hace varios años pertenece a nuestra Sociedad y ha dado pruebas de capacidad para desempeñarla.

Le damos de todos modos las gracias por su oferta, de la que hemos tomado buena nota, que no dejaremos de tener presente en otras eventualidades.

Quedamos de Vd attos y ss.ss.

....

V

CARTAS

OFERTAS DE SERVICIOS

Ofertas

Respuestas

QUINTA SERIE

V-1 - Oferta de un representante a una empresa

...............de...............de 19......

Sres ....

....

....

Muy Sres míos;

Su circular del mes de Abril me informa que Vds se ocupan de la venta de colas y colores.

En el caso de que Vds necesiten un represen-tante para la Toscana, me es grato ofrecerles mis servicios.

Hace más de diez años que me ocupo de los artículos que Vds tratan y represento también a la casa .... de Génova, plaza .... a la que pueden dirigirse Vds pidiéndole mis re-ferencias.

Mis numerosas relaciones con los principales ma-yoristas y detallistas de la región, me permiten ase-gurarles una buena venta de sus artículos. Les ruego, por lo tanto, tengan a bien comunicarme en que condiciones están dispuestos a confiarme su representación.

Confío querrán honrarme con su confianza,

asegurándoles desde ahora que no dejaré de hacer todo lo necesario para merecerla.

Quedo pendiente de sus gratas noticias suscribiéndome

de Vds atto y s.s.

....

V-2 - Demanda de representación

...............de...............de 19......

Sres...........................
Calle ....

....

Muy Sres míos;

Me permito ofrecerles mis servicios en calidad de representante de su estimada casa para la Campañía.

Hace doce años que represento a la Fábrica de Colores P................ & Cía de G................, habiendo representado también durante siete años a la casa C............ P............ C............, la cual ha cesado sus actividades hace un año aproximadamente.

Si Vds me honrarán con su representación, pueden estar seguros que haré cuanto esté en mi mano para relacionarles con mis clientes y venderles buenas cantidades de sus colas.

Pendiente de sus gratas noticias, aprovecho la ocasión para saludarles y quedar a sus órdenes.

de Vds atto y s.s.

....

V-3 - Demanda de representación

...............de...............de 19......

Sres............................

....

....

Muy Sres míos;

Habiéndome sido facilitada su dirección, me permito dirigirles la presente con el objeto de solicitarles la representación, para la venta de los productos farmacéuticos de su estimada casa, en la zona que comprende las regiones de Aragón, Cataluña y Valencia.

Yo represento ya a otras casas de artículos sanitarios en la zona indicada y visito periódicamente sus farmacias, clínicas, hospitales, etc. Estoy en relaciones con clientes de toda solvencia, que me permiten asegurar una buena venta de los productos de Vds.

Pueden Vds solicitar referencias sobre mi persona a las siguientes firmas:

Soc. B............ & R............ - Fábrica de artículos sanitarios, T................ calle O...................., 33.

Bca de N........................... - oficina de...................

N............... L................ - comerciante - B............

Quedo en espera de su grata contestación sobre el particular y aprovecho la ocasión para suscribirme a sus órdenes

de Vds atto y s.s.

....

V-4 - Oferta de servicios como comisionista

...............de................de 19......

Sres ....

....

....

Muys Sres míos;

Tengo el honor de ofrecerles mis servicios en calidad de agente comisionista y exportador de tejidos en general y, particularmente, de sederías, como podrán comprobar por la circular anexa, de la cual ya envié a Vds un ejemplar a su debido tiempo.

Teniendo vivos deseos de entablar relaciones de negocios con su estimada casa, no dejaré de conceder a Vds todas las facilidades posibles, compatibles con mis intereses, y de dar a conocer su firma a mis clientes de América del Sur.

Pendiente de su contestación, que espero favorable, me es grato saludarles con toda consideración y suscribirme

de Vds atto y s.s.

....

V-5 - Oferta de servicios como representantes

Sres...............................
Calle ....

....

Muy Sres nuestros;

Nos han facilitado la dirección de su estimada Casa y tenemos el gusto de dirigirles la presente para ofrecerles nuestros servicios, como representantes para la isla de Cerdeña.

Manifestamos a Vds que tenemos la posibilidad de desarrollar un buen trabajo dando salida a su producción en la citada isla pues nuestra organización cuenta con agentes que están en relaciones de negocios con clientes de absoluta confianza, y estarán muy contentos de introducir los produtos de Vds en el mercado.

Nuestra organización se compone de elementos de probada experiencia y, por eso, tenemos la seguridad de desarrollar un buen trabajo en nuestro recíproco interés.

Quedamos en la espera de su contestación que confiamos será favorable, por lo que les damos de antemano las más expresivas gracias suscribiéndonos

de Vds attos y ss.ss.

....

V-6 - Oferta de publicidad

...............de...............de 19......

Muy Sres nuestros;

Plácenos poner en su conocimiento que, a partir del próximo Enero, saldrá a luz la revista de comercio « *Mercurio* », con cuyo editor hemos concertado la exclusiva para la publicación de los anuncios. Considerando que Vds tambíen tendrán interés en hacer su publicidad, uno de nuestros agentes tendrá el gusto de visitarles en los próximos días para someterles las condiciones, excepcionalmente favorables, que podemos proponer a Vds en este momento.

Anticipándoles las gracias por la buena acogida

que, no dudamos, reservarán a nuestro agente, aprovechamos gustosos la ocasión para saludarles atentamente y suscribirnos

de Vds ss.ss.

....

V-7 - Oferta de servicios de instalaciones y manutenciones

...............de...............de 19......

Sres................................

....

....

Muy Sres nuestros;

Tenemos el gusto de poner en su conocimiento que nuestra empresa, especializada en instalaciones eléctricas, se encuentra hoy en condiciones de poder llevar a cabo instalaciones y reparaciones en su ramo a condiciones de absoluta competencia. También les informamos que, toda instalación efectuada por nuestra empresa, es sometida al ensayo de recepción de nuestros técnicos y garantizada por un período de tiempo indicado en cada contrato.

Nos hacemos cargo, además, de la revisión periódica o continuativa de las instalaciones eléctricas industriales ya montadas.

Les rogamos se sirvan consultarnos en todas sus necesidades, y solicitarnos presupuestos que les enviaremos sin compromiso alguno por su parte.

Nos es grata esta oportunidad para saludarles atentamente y suscribirnos de Vds ss.ss.

....

V-8 - Oferta de servicios de transportes

...............de...............de 19......

Sr. Don...........................

....

....

Muy Sr. nuestro;

Tenemos el gusto de informarle que, en estos días, hemos abierto en ésta una agencia de transportes con grandes almacenes para depósito de mercancías. Esto nos permite poder atender mayormente a nuestros clientes a quienes hacemos, por los despachos por nuestro conducto, precios de absoluta competencia según podrá comprobar Vd por la tarifa adjunta.

En caso de que necesite otros informes o conocer las condiciones especiales que concedemos a las casas que utilizan continuamente nuestros servicios, sírvase llamarnos por teléfono a nuestro nº...............

Siempre a sus gratas órdenes, somos de Vd attos y ss.ss.

....

V-9 - Oferta de ejecución de trabajos

...............de...............de 19......

Sres ....

....

Muy Sres nuestros;

Plácenos someterles nuestro presupuesto para la ejecución de los trabajos concernientes al asfal-

tado de las áreas carretiles del nuevo establecimiento de Vds sito en...............................

Les aseguramos que tenemos por costumbre ejecutar las obras con todas las de la ley, por lo que
podemos dar garantía por un período que puede
alcanzar hasta veinticuatro meses, incluyendo la
manutención gratuita por dicho tiempo.

Confiamos que el adjunto presupuesto merezca
su aprobación. En todo caso, les quedaremos agradecidos si, después de haberlo examinado, tienen
a bien ponerse nuevamente al habla con nosotros.

En espera de su grata contestación les saludamos
atentamente quedando de Vds ss.ss.

....

Anexo: un presupuesto.

V-9 bis

.... 6 de Mayo de 19......

Sres ....
....
....

Presupuesto de los trabajos

Ejecución de los trabajos para el asfaltado

1) Escarificación del terreno y acarreo de los
escombros.

2) Suministro, esparcimiento y cilindrado de
un estrato blando de unos 35 cm de cascajo y
arena.

3) Emulsionar la superficie con emulsión bi-

tuminosa al 50% en la medida de 4,500 kg por metro cuadrado.

4) Suministro, esparcimiento y cilindrado de un estrato blando de 10 cm de « tout-venant ».

5) Suministro, esparcimiento y cilindrado de conglomerado bituminoso blando y agregados conglutinados de 2,5 cm de espesor.

Precio .... liras (...
............).

El susodicho trabajo es para el firme de las áreas carretiles.

Para la parte destinada a aparcamiento de coches se modificarán los apartados indicados arriba y, precisamente: el nº 2 tendrá un estrato de 20 en vez de 35 cm, el nº 3 2,500 kg, en vez de 4,500 kg, por metro cuadrado, 2 cm de espesor, en vez de 2,5 cm. Los apartados nº 1 y 4 quedan invariados.

El precio de este trabajo será de .... liras (...).

Garantía: 24 meses. Eventual manutención gratuita.
....

V-10 - Respuesta evasiva

...............de...............de·19......

Sres.................................
....

....

Muy Sres nuestros;

Hemos recibido su atta con fecha............ del mes pasado de cuyo contenido hemos tomado nota. Recibimos también la circular que nos remitieron a su debido tiempo, mencionada en su citada carta.

Nuestra producción, todavía muy limitada, no nos permite exportar nuestros productos; sin embargo, dado que tenemos intención de aumentarla, no dejaremos de aprovechar sus servicios para la exportación de nuestros artículos a América del Sur tanto más cuanto anteriormente ya tuvimos relaciones con muy buenas firmas de aquellos países.

Nos es grato saludarles y suscribirnos de Vds attos y ss.ss.

....

V-11 - Concesión de representación

.... 7 de Febrero de 19......

Sr. Don ....
....

....

Muy Sr. nuestro;

Como convenido, tenemos el gusto de confiarle la representación para la venta de nuestros productos en las regiones de: Campania, Calabria, Pulla y Lucania.

Sobre todas las ventas, directas o indirectas, le concederemos una comisión del x% (x por ciento) calculada sobre las sumas efectivamente cobradas.

La liquidación de las comisiones devengadas la efectuaremos a fines de cada semestre, es decir, el 30 de Junio y el 31 de Diciembre.

Los gastos de correo inherentes a la correspondencia que Vd nos dirija, correrán por nuestra cuenta y se los reembolsaremos juntamente con las comisiones.

Vd se compromete a no representar, en la zona que le hemos confiado, a otras casas italianas de productos farmacéuticos.

Se compromete, además, a ponernos en relación con firmas de toda confianza.

Nuestro contrato podrá ser modificado, recíprocamente, en todo tiempo.

Para la rescisión del presente contrato será necesario un aviso previo de tres meses, sin derecho a compensación alguna.

Los sobreprecios que Vd consiga, se consideran en su exclusivo beneficio.

Sin otro particular, quedamos de Vd attos y ss.ss.

El Director

....

V-12 - Contestación negativa

.... 4 de Enero de 19......

Sr. Don ....
....

....

Muy Sr. mío;

Obra en mi poder su atta del 1º del corriente, y siento no poder acceder a su deseo de confiarle mi representación para el Lacio y los Abruzos.

Hace ya unos cuatro meses que estoy repre-
sentado por Don .... (........................
........) en la zona que Vd me ha solicitado y, dado
que viene desarrollando un buen trabajo, no tengo
motivo alguno para substituirlo.

Me será muy grato poder complacerle de otra
forma y, mientras tanto, le saludo atentamente

....

VI

CARTAS

DEMANDAS DE SERVICIOS

Demandas

Respuestas

SEXTA SERIE

VI-1 - Demanda para una instalación eléctrica

..............de..............de 19......

Sres............................

Calle ....

....

Muy Sres nuestros,

Debiendo llevar a cabo una instalación eléctrica en nuestros establecimientos, les rogamos manden un encargado a nuestra oficina con el objeto de examinar de qué se trata, para que Vds puedan someternos un presupuesto detallado con la mayor brevedad posible.

Les informamos que, además de todos los aparatos para el alumbrado, deben suministrarnos tambien la máquina para el desarollo de la fuerza motriz necesaria para el funcionamento de nuestra maquinaria; por lo que esperamos nos harán un trato special.

Confiamos pues que, además de estudiar todas las economías posibles y suministrarnos material de primera calidad, sus precios competirán ventajosamente con los de las otras casas que concurrirán al suministro, con propuestas, convenientes también, por lo que respecta a las condiciones de pago.

Pendientes de sus gratas noticias sobre el particular, quedamos de Vds attos y ss.ss.

....

VI-2 - Demanda de un corresponsal

...............de...............de 19......

Sr. Don ....
Calle ....

....

Muy Sr. nuestro;

Bajo los auspicios de Don........................, nos tomamos la libertad de preguntarle si estaría dispuesto a recibir en consignación y vender por n/ cuenta lanas de cordero y cueros vacunos y, al mismo tiempo, cuidar de cubrir los pagos a los cuales debamos hacer frente en esa plaza hasta el monto de nuestras entregas.

Si está dispuesto a aceptar nuestra propuesta, le rogamos tenga a bien mandarnos una factura simulada (o pro-forma) de un envío cualquiera de lana o de cueros, a fin de que podamos formarnos una idea de los gastos que encontraremos en ese mercado, incluyendo también la comisión de Vd y el extra que desea percibir por aquellos créditos que nos garantice.

En la espera de recibir sus gratas noticias al respecto quedamos

de Vd attos y ss.ss.

....

VI-3 - Comunicando haber domiciliado una letra

...............de...............de 19......

Sr. Don ....

....

....

Muy Sr. nuestro;

La presente tiene por objeto comunicarle que nos hemos permitido domiciliar en su estimada casa, una letra que hemos librado a la orden de los Sres. M............... N............... de Z................... por la suma de .... Liras (....................... liras) que vence el 15 de .... p. v.

Antes del vencimiento, le remitiremos los fondos para el pago.

En la espera de recibir su conformidad al respecto, le saludan atentamente ss.ss.

....

VI-4 - Encargo de hacer aceptar unas letras

...............de...............de 19......

Sr. Don ....

....

....

Muy Sr. nuestro;

Adjuntas a la presente le remitimos tres letras que hemos librado a cargo de Don A. B. comerciante de ésa, domiciliado en la calle .... nº........, rogándole tenga la amabilidad de presentarlas a dicho señor, para su aceptación, y devolvérnoslas por carta certificada a la mayor brevedad posible.

Anticipándole las gracias por el favor, nos reiteramos como siempre de Vd. attos y ss.ss.

....

Anexos:

letra a cgo A. B. de............ liras, vencimiento 15-6

letra a cgo A. B. de............ liras, vencimiento 30-6

letra a cgo A. B. de............ liras, vencimiento 15-7

VI-5 - Petición a un Banco para domiciliar letras en una de sus sucursales

...............de...............de 19......

Al Banco ....

....

....

Muy Sres nuestros;

La importancia alcanzada por nuestras transacciones en la plaza de............ y el considerable movimiento de nuestros negocios en la misma, nos inducen a preguntarles si estarían dispuestos a permitirnos domiciliar nuestras letras en su sucursal de .... y a cuales condiciones.

Para las letras aceptadas por nosotros, que quedasen eventualmente en descubierto, les autorizaríamos a valerse de nuestra c/c con Vds.

Quedamos pendientes de su contestación, que agracederemos sea a vuelta de correo, y mientras tanto nos reiteramos

de Vds attos y ss.ss.

....

VI-6 - Contestación afirmativa del Banco

...............de...............de 19......

Sres...........................

....

Muy Sres nuestros;

Contestamos a su atta del .... y tenemos el gusto de comunicarles que estamos dispuestos a concederles la autorización de domiciliar sus letras aceptadas en nuestra sucursal de ....

Dado que Vds nos anuncian un importante movimiento nos reconocerán, por la devolución de sus letras pagadas, la comisión del ....%.

Tenemos la seguridad que encontrarán nuestras condiciones más que convenientes y empezarán sin más sus operaciones.

Quedamos de Vds attos y ss.ss.

Banco ....

VI-7 - Respuesta afirmativa y devolución de letras

...............de...............de 19......

Sres...........................
Calle ....nº ....

....

Muy Sres nuestros;

Con referencia a su estimada del.....................,
nos apresuramos a devolverles adjuntas, regularmente aceptadas, las 3 letras sobre.........................;

que nos remitieron con su susodicha para someterlas a la aceptación por parte de Don ....

De Vds attos y ss.ss.

....

Anexos: tres letras.

VI-8 - Contestación con devolución de letras

...............de...............de 19......

Sres............................
Calle ....

....

Muy Sres nuestros;

En contestación a su atenta fecha........................
del corriente, les manifestamos que en cumplimiento de su encargo, hemos presentado a Don....
.............................., para su aceptación, las tres libranzas que nos han remitido.

Alegando como pretexto una discusión que sostiene tener con Vds, el Señor.......................... ha rehusado aceptarlas y nos ha asegurado que procedería a darles immediatamente información.

Les devolvemos por lo tanto las letras en cuestión.

Somos de Vds attos y ss.ss.

....

Anexos: 3 letras de vuelta.

VII

CARTAS

INFORMES
Demandas
Respuestas

VII-1 - Demanda de informes con volante anexo

..............de...............de 19......

Sr. Don ....
Calle ....

....

Muy Sr. nuestro y amigo;

Le suplicamos tenga la bondad de facilitarnos, sin alguna responsabilidad o garantía por parte de Vd, informes sobre la firma indicada en el volante adjunto y, en modo particular, respecto a sus condiciones económicas.

Mientras le anticipamos las gracias, le aseguramos que de cuanto nos comunique, haremos uso estrictamente reservado y, quedando a la recíproca, nos despedimos de Vd amigos y ss.ss.

....

Anexo: un volante a devolvernos.

VII-1 bis

....
....

VOLANTE DE INFORMES

...............de...............de 19......

....
....
....
Género de comercio, industria o profesión..............
....

Capital ⎰ bienes muebles ....

bienes inmuebles.............................

Pasivo ⎱ ....

....
Habilidad para los negocios ....
Moralidad ....
Puntualidad en sus compromisos ....
Crédito que merece ....
....
Informes especiales ....
....
....
....
....

VII-2 - Demanda de informes con volante anexo

...............de...............de 19......

Sr. Don ....
Calle ....

....

Muy Sr. nuestro y amigo;

Le quedaríamos sumamente agredecidos si tuviese la amabilidad de informarnos, lo más detalladamente posible, sobre la firma indicada en el volante anexo.

Desde ahora le aseguramos que, de cuanto tenga Vd a bien comunicarnos, haremos uso completamente reservado y sin ninguna garantía ni responsabilidad por parte suya.

Dámosle las más expresivas gracias de antemano y, quedando a la recíproca, somos suyos attos ss.ss. y amigos.

....

Anexo: un volante.

VII-3 - Demanda de informes con volante anexo

...............de...............de 19......

Sr. Don ....
Carrera ....

....

Muy Sr. nuestro y amigo;

Le suplicamos atentamente tenga a bien informarnos lo más pronto posible y en modo detallado, sobre la firma a que se refiere el adjunto volante que le rogamos nos devuelva con sus anotaciones.

Aseguramos a Vd. que, de las noticias que

nos comunique, guardaremos absoluta reserva y, naturalmente, sin responsabilidad ni garantía por su parte.

En espera de sus noticias, anticipámosle las gracias y quedamos a la recíproca de Vd affmos ss.ss. y amigos.

....

Anexo: un volante.

VII-4 - Solicitando contestación a una petición de informes

...............de...............de 19......

Sı. Don ....
Calle ....

....

Muy Sr. nuestro;

Nos permitimos llamar su atención sobre nuestra demanda de informes, relativa a la firma indicada al pie de la presente, y rogarle atentamente tenga la amabilidad de contestarnos a vuelta de correo, aunque sea negativamente.

Pendientes de sus noticias al respecto, nos reiteramos de Vd attos y ss.ss.

....

VII-5 - Demanda de informes para dar curso a un pedido

...............de...............de 19......

Sr. Don ....
Calle ....

....

Muy Sr. nuestro;

La casa.................................. nos ha pasado un importante pedido de tejidos y nos ha indicado, entre otras referencias, la de su estimada firma.

Tratándose de una firma con la cual no hemos tenido relaciones, antes de proceder a cursar el pedido, deseamos tener informes detallados sobre la situación económica de la misma, y sobre la moralidad de su titular.

Por lo que, basándonos en la experiencia y conocimiento personal de Vd, nos permitimos rogarle tenga a bien proporcionarnos informes de la firma en cuestión lo más amplios posibles.

Le aseguramos que haremos uso estrictamente reservado de sus comunicaciones que, además de confidenciales, serán sin responsabilidad ni garantía por parte de Vd.

Anticipándole las gracias por su atención y con la esperanza de poder corresponderle el favor, quedamos suyos attos y ss.ss.

....

VII-6 - Demanda de informes para concesión de depósito

................de................de 19......

Sr. Don ....
Calle ....

....

Muy Sr. nuestro y amigo;

Le rogamos tenga a bien remitirnos, con la mayor brevedad posible, informes detallados y fidedignos sobre el Sr Don...

Motiva nuestra petición el hecho de que tenemos la intención de constituir un depósito de nuestros productos en esa ciudad confiándolo a dicho señor. Por lo que le suplicamos que, además de informarnos sobre su solvencia y honradez, nos indique también si lo considera persona capacitada para cumplir escrupolosamente el encargo que tenemos el propósito de confiarle.

Adjunto a la presente le remitimos un talón del Banco de Roma para cubrir sus gastos.

Pendientes de sus gratas nuevas, le anticipamos las gracias y nos suscribimos de Vd. attos ss.ss. y amigos.

....

Anexo: un talón.

VII-7 - Demanda de informes para asumir un empleado

...............de...............de 19......

Sres............................
Calle ....

....

Muy Sres nuestros;

Don........................ nos ha dirigido una solicitud para ocupar la plaza de cajero en nuestra casa, y nos asegura que, durante unos ocho años, ha desempeñado el mismo cargo en casa de Vds. En apoyo de su aseveración, nos ha presentado un certificado de trabajo redactado según las disposiciones vigentes.

Les rogamos, en vía estrictamente confidencial, tengan a bien informarnos detalladamente sobre el susodicho Sr., y en modo particular en lo que atañe a su capacidad y honradez.

Aseguramos a Vds que de sus informes haremos el más discreto uso.

Gracias anticipadas y dispongan para lo que gusten mandar de estos sus attos y ss.ss.

....

VII-8 - Respuesta con buenos informes

...............de...............de 19......

Sres...........................
Calle ....

....

Muy Sres nuestros;

Contestamos a su atenta fecha de ....
La firma a la que ésa se refiere, nos resulta ser formal. Goza de muy buena fama. Nos informan que el giro de sus negocios alcanza una suma muy elevada. En general está considerada una de las firmas más importantes y recomendables de la plaza. Por lo tanto, podemos asegurar a Vds que merece la máxima confianza.

Dispongan de nosotros siempre que tengan necesidad de ello, ya que les complaceremos gustosos.

Quedamos de Vds attos y ss.ss.

....

VII-9 - Contestación con buenos informes

...............de...............de 19......

Sres...........................
Calle ....

....

Muy Sres nuestros;

Obra en nuestro poder su estimada con fecha 9 del corriente, y nos es grato comunicarles que la firma que nos indican trabaja con nosotros desde hace más de diez años. Ha cumplido siempre con puntualidad todos sus compromisos y nunca ha dado lugar a discusiones de ningún género.

El dueño es persona acaudalada; posee casas y terrenos sobre los cuales no existe ningún gravamen. El patrimonio se calcula alrededor de unas........................ liras.

Por lo tanto, podemos asegurarles que goza buena reputación y consideramos que pueden concederle Vds el crédito que les ha pedido, porqué es firma de toda confianza.

Es cuanto podemos decirles sin alguna responsabilidad ni garantía por nuestra parte.

Aprovechamos la ocasión para saludarles atentamente y suscribirnos de Vds ss.ss.

....

VII-10 - Respuesta con informes satisfactorios

...............de...............de 19......

Sres........................

Calle ....

....

Muy Sres nuestros y amigos;

Nos apresuramos a contestar a su atenta del....

....

Respecto a su pregunta, les confirmamos que Don .... ha estado a nuestro servicio durante el período indicado en el certificado que le hemos extendido. Se trata de un elemento óptimo bajo todos los puntos de vista, del que hemos sentido tener que prescindir pues, para reducir gastos, la plaza de cajero que desempeñaba a nuestra completa satisfación, ha sido confiada al hijo mayor del dueño.

Creemos un deber recomendarlo a Vds pues, concediéndole la plaza, harán una buena adquisición para su empresa.

Aprovechamos la oportunidad para saludarles y suscribirnos

de Vd attos y ss.ss.

....

VII-11 - Contestación con informes dudosos

...............de...............de 19......

Sres........................
Calle ....

....

Muy Sres nuestros;

Con relación a su atta del..........................., lamentamos no poder proporcionales informes precisos sobre la firma que nos han indicado.

Por los datos que hemos recogido en la plaza, resulta se trata de una firma que trabaja con pérdidas y que continúa manteniendo gastos que no corresponden a sus efectivos ingresos. Otras fuentes aseguran tratarse de rumores puestos en circulación por competidores poco escrupolosos, y sostienen que la casa trabaja con provecho, puesto que, el enorme volumen de sus ventas, le permite hacer precios de absoluta competencia.

Dado que las opiniones son tan contradictorias, no creemos poder pronunciarnos sobre el particular.

Quedamos, como siempre, de Vds attos y ss.ss.

....

VII-12 - Contestación con informes no satisfactorios

.............,.de...............de 19......

Sres...........................
Calle ....

....

Muy Sres nuestros;

Contestamos a su atenta del..............................

La persona por la cual nos preguntan ha trabajado con nosotros durante el período indicado en el certificado de trabajo que le hemos extendido. Al principio mostróse un óptimo elemento pero, en estos últimos tiempos, hemos sabido que se ha dado a una vida de despilfarro y es también aficionado al juego. Dado que no considerábamos su conducta compatible con las atribuciones que le habíamos confiado, hemos tomado el pretexto de que la plaza que desempeñaba debíamos confiarla a un sobrino de nuestro titular. Y lo hemos despedido.

Lo que comunicamos a Vds en honor a la verdad y en forma muy reservada.

Aprovechamos la ocasión para saludarles atentamente y suscribirnos suyos ss.ss.

....

VII-13 - Respuesta con malos informes

.................de................de 19......

Sres...........................
Calle ....

....

Muy Sres nuestros;

En contestación a su estimada del...................
debemos manifestarles que, la firma sobre la cual
nos piden informes no ofrece, a nuestro juicio, las
garantías deseadas; además de no gozar buena
reputación, se dice que los negocios que lleva a
cabo son muy limitados. Por otra parte, los gastos
del titular no nos parece que sean proporcionados
a las utilidades que puede sacar del comercio que
ejerce. En conjunto, las opiniones que corren en
la plaza no son nada tranquilizadoras.

La prudencia aconseja abstenerse de concederle
el más mínimo crédito a menos que ofrezca garantías satisfactorias.

Los presentes informes se los proporcionamos
a Vds en vía extrictamente confidencial sin asumir
ninguna garantía ni responsabilidad por nuestra
parte, dado que los datos indicados han sido recogidos por terceras personas.

Sin otro particular, nos suscribimos de Vds
attos y ss.ss.

....

VII-14 - Contestación con informes en volante anexo

..............de..............de 19......

Sres.........................
Calle ....

....

Muy Sres nuestros;

Con relación a su demanda, tenemos el gusto de adjuntarles los informes que les interesan, rogándoles tengan a bien hacer uso reservado de ellos.

Dichos informes se entienden recogidos por cuenta y riesgo de Vds. En el caso que no se hallasen de acuerdo, rogamos a Vds considerarlos nulos y devolvernos el volante.

Tengan a bien reconocernos la cantidad de ....liras por reembolso de nuestros gastos.

Somos de Vds attos y ss.ss.

Banco de ....

Un anexo.

VII-14 bis

Referencia nº..............

Informes sobre;

....
....
　　　　　　　　　　..

....
....
....
....
....
....
....
....
....
....
....
....
....

Sin nuestra garantía ni responsabilidad.

VIII

CARTAS

PARA REANUDAR LAS RELACIONES

OCTAVA SERIE

VIII-1 - Promesa de abono

..............de..............de 19......

Sres...........................
Calle ....

....

Muy Sres nuestros;

Tenemos el gusto de enviarles nuestras más sinceras felicitaciones de año nuevo, aprovechando esta oportunidad para manifestarles nuestra sorpresa al comprobar que, nuestras relaciones de negocios, languidecen desde hace más de seis meses.

Sentiríamos mucho que Vds hubiesen quedado resentidos por no haberles concedido la rebaja que nos pidieron sobre la desgraciada partida de tablones dado que, a su debido tiempo, expusimos a Vds todas las razones por las cuales, a pesar de nuestra buena voluntad, no nos fué posible complacerles. De todos modos, esperamos que Vds nos proporcionen la ocasión de poder indemnizarles más adelante con algún buen negocio.

Confiando recibir sus noticias y, con ellas, sus gratos pedidos, nos reiteramos como siempre de Vds attos y ss.ss.

....

VIII-2 - Indagación sobre la paralización de las ventas

...............de...............de 19......

Sres...........................
Calle ....

....

Muy Sres nuestros;

Ocupados en el cierre de cuentas constatamos que, para el segundo semestre, no podemos enviarles el extracto de la suya por no haber verificado ninguna operación con Vds.

Confiamos que durante el año que empieza se presenten ocasiones favorables para reanudar nuestras relaciones comerciales. Por nuestra parte, aseguramos a Vds que ejecutaremos sus gratos pedidos con nuestro acostumbrado esmero y solicitud.

Quedamos pendientes de sus noticias y, mientras tanto, aprovechamos la ocasión para saludarles atentamente y reiterarnos

de Vds ss.ss.

....

VIII-3 - Propuesta de nuevas condiciones

...............de...............de 19......

Sres...........................
Calle ....

....

Muy Sres nuestros;

Desde hace mucho tiempo no nos vemos favorecidos con sus gratos pedidos, y no sabemo explicarnos el motivo que les haya inducido a paralizar los negocios con esta su casa.

Ya que, por nuestra parte, deseamos continuar nuestras buenas relaciones con Vds, les rogamos atentamente tengan a bien darnos a conocer la causa que ha podido motivar su falta de noticias.

Independientemente de ello, hoy mismo nos hemos permitido remitirles nuestra última lista de precios, que les rogamos se sirvan examinar con atención. En ella encontrarán precios de absoluta conveniencia y sensiblemente inferiores a los que hace la competencia.

Con objeto de darles una prueba de nuestros deseos de mantener las relaciones con su estimada casa, para pedidos cuyo importe sea superior a................................ liras, les concederemos un descuento extra del 2 % sobre los precios indicados en dicha lista.

Abrigamos la confianza de que Vds no dejarán de aprovechar las condiciones favorables que les ofrecemos y nos pasarán sus gratos pedidos que, les aseguramos, serán ejecutados con toda precisión.

Dándoles las gracias de antemano quedamos como siempre

de Vds attos y ss.ss.

....

VIII-4 - Sondeo sobre la paralización de las ventas

...............de...............de 19......

Sr. Don.....................

....

....

Muy Sr. nuestro;

Examinando nuestros registros, hemos notado que durante estos últimos diez meses nos ha proporcionado la ocasión de servirle una sola vez mientras, anteriormente, recibíamos sus gratos pedido con mayor frecuencia.

Ignorando las causas que hayan podido inducirle a espaciar sus relaciones con nosotros, le rogamos tenga la amabilidad de decírnoslas con toda franqueza, pues deseamos reanudar las buenas y frecuentes relaciones que siempre mantuvimos con Vd.

Le aseguramos desde ahora que, por nuestra parte, no dejaremos de concederle toda clase de facilidades compatibles con nuestros intereses, y abrigamos la confianza de que reanudando las relaciones con esta su casa quedará Vd plenamente satisfecho.

Quedamos en la espera de su contestación sobre el particular y, mientras tanto, le saludamos atentamente ss.ss.

....

VIII-5 - Ilustración de un producto

...............de...............de 19......

Sres............................
Calle ....

....

Muy Sres nuestros;

Tenemos el gusto de informarles que hemos recibido las últimas novedades de nuestras fábricas para la próxima temporada, cuyos precios son de absoluta competencia.

Este año disponemos de un extenso surtido de dibujos de fantasía, entre los cuales encontrarán sin duda alguna aquellos para el gusto de sus clientes. Por lo tanto, nos hemos permitido mandarles un muestrario surtido de paños de alta novedad, cuya venta es de seguro éxito por sus precios sumamente convenientes.

Con la esperanza de que, como en el pasado, continuarán honrándonos con su confianza, quedamos en la espera de sus gratos pedidos y nos suscribimos siempre a sus órdenes

de Vds attos y ss.ss.

....

VIII-6 - Indagación sobre la paralización de las ventas

...............de...............de 19......

Sres...........................
Calle ....

....

Muy Sres nuestros;

Al efectuar el cierre de cuentas relativas al balance del año que acaba de terminar hemos notado que, desde septiembre en adelante, nuestras relaciones han sido casi nulas.

Esta suspensión nos extraña mucho ya que, hasta la fecha indicada, las misma fueron siempre de recíproca satisfacción.

Por lo que esperamos verlas pronto reanudadas por parte de Vds con la misma intensidad de antes pues, nosotros les hemos demostrado en toda ocasión y con hechos la consideración en que les tenemos.

No dudando recibir sus gratas noticias al respecto, aprovechamos la oportunidad para suscribirnos de Vds attos y ss.ss.

....

VIII-7 - Promesa de pedidos

.... 27 de Junio de 19......

Sres ....
....
....

Muy Sres nuestros;

Obra en nuestro poder su estimada con fecha 5 del crte.

Cumplimos el deber de comunicarles que ningún motivo de queja nos ha inducido a suspender nuestras relaciones con Vds. Si desde hace mucho tiempo no hemos podido pasarles ningún pedido, se debe al hecho de que nuestro titular ha estado ausente por una larga enfermedad, por lo que nuestro comercio había quedado casi paralizado. Dado que se ha restablecido hace algunos días, muy pronto volveremos a tratar los artículos corrientes. Mientras tanto conservamos su última lista de precios, rogándoles tengan a bien enviarnos una muestra de cola de huesos en tabletas y, al mismo tiempo, nos indiquen si están en condiciones de poder suministrarnos cola en pasta.

Pendientes de sus gratas nuevas nos reiteramos

de Vds. attos y ss.ss.

....

VIII-8 - Promesa de pedidos

.... 19 de Septiembre 19......

Sres ....

....

....

Muy Sres nuestros;

Obra en nuestro poder su atenta del 9 de los corrientes a la que pasamos a contestar.

Damos a Vds las más expresivas gracias por la amabilidad que han tenido mandándonos su muestrario, que hemos hallado muy interesante y de nuestro gusto.

Apenas regrese nuestro Director, que se encuentra actualmente en viaje de inspección a nuestros almacenes de la región, sin duda alguna les remitirá importantes pedidos pues siempre hemos quedado satisfechos de la calidad de las mercancías que nos han suministrado, como así mismo por el correcto trato comercial de Vds.

Mientras tanto, nos es grato saludarles atentamente y suscribirnos como siempre suyos ss.ss.

....

VIII-9 - Sondeo sobre la aceptación de productos

.... 15 de Febrero de 19......

Sres ....

....

....

Muy Sres nuestros;

En fecha 14 diciembre de 19...., hemos sometido a Vds una oferta acompañada con muestras de nuestros productos:

— Suero-albumina de leche

— Suero de leche en polvo

No habiendo recibido contestación pensamos que sea debido a que, en aquella época, Vds no tenían interés en la compra de dichos productos.

Deseamos significarles que nuestra casa es siempre gran productora de los mismos y si acaso determinan probarlos en sus elaboraciones, tenemos la posibilidad de ofrecerles condiciones de venta muy ventajosas.

Estamos a su disposición en el caso de que decidan consultarnos al respecto y dándoles las gracias de antemano les saludamos atentamente

de Vds ss.ss.

....

VIII-10 - Presentación de nuevos artículos

...............de...............de 19......

Sres ....

....

....

Muy Sres nuestros;

Cábenos el placer de indicarles que, desde el .... hasta el.............. de Abril, participamos en la .... Feria de muestras de Milán.

Su visita nos sería muy grata y para facilitarla, en el plan aquí reproducido, indicamos el pabellón en el que se hallarán nuestros productos y la posición exacta de nuestro stand.

Con gracias anticipadas por su visita les saludamos

de Vds attos y ss.ss.

....

El Director

IX

CARTAS

Compra-venta

IX-1 - Demanda de precios para mercancía igual a la suministrada en precedencia

...............de...............de 19......

Sres...........................
Calle ....

....

Muy Sres nuestros;

Les rogamos se sirvan cotizarnos el precio más reducido para un suministro eventual de:...............
q de cola de huesos en tabletas, de la misma calidad que nos enviaron últimamente.

Pago a 30 días fecha factura y entrega a lo más pronto posible.

Quedamos pendientes de sus noticias al respecto y, en tal espera, nos reiteramos de Vds attos y ss.ss.

....

IX-2 - Envío de muestras

...............de...............de 19......

Sres........................
Calle ....

....

Muy Sres nuestros;

Tenemos el gusto de informarles que hoy les hemos remitido por paquete postal las muestras que pidieron a nuestro viajante Don............................ ....en la última visita que les hizo.

Sírvanse tomar nota que, en las etiquetas de las muestras, hallarán las indicaciones relativas al precio, ancho y largo de cada pieza. Los artículos marcados con la letra S están disponibles inmediatamente; los otros estarán listos para el próximo mes de............................

Estamos seguros que podrán elegir un surtido abundante, por lo que no dudamos recibir sus gratos pedidos que ejecutaremos con nuestra acostumbrada puntualidad y esmero.

En tal espera, les saludamos atentamente quedando, como siempre, de Vds ss.ss.

....

IX-3 - Envío de muestras y condiciones de venta

...............de...............de 19......

Sr. Don ....

....

.....,.............................

Muy Sr. nuestro y amigo;

Obra en nuestro poder su atenta con fecha........ ppdo y nos es grato comunicarle que, por separado y en sobre certificado, le hemos remitido las muestras de las colas que fabricamos y de las cuales tenemos existencias en este momento.

Los precios son los indicados en la lista que le incluímos; mercancía franco estación de salida, peso bruto por neto, pago anticipado o con giro a la vista, aceptado.

Dado que Vd nos ha asegurado ser un fuerte comprador, podremos concederle un descuento del 2%, sobre los precios indicados en nuestra lista, siempre que Vd compre por lo menos una cantidad de diez quintales métricos.

Con la confianza de que hallará nuestra oferta conveniente y nos honrará con sus gratos pedidos, nos reiteramos

de Vd attos ss.ss. y amigos

....

IX-4 - Envío de muestras y condiciones de venta

...............de...............de 19......

Sres...........................
Calle ....

....

Muy Sres nuestros;

En respuesta a su atenta del............................de los corrientes, nos es grato comunicarles que, por correo separado, les hemos remitido hoy mismo nuestros catálogos y las listas de los precios actuales.

Por lo que se refiere a las condiciones de venta, debemos manifestarles que todos nuestros precios

se entienden por pago al contado con descuento
del 1%; mercancía franco nuestros almacenes,
embalaje facturado al coste y sin devolución. Entrega inmediata.

No habiendo tenido nunca el gusto de trabajar
con Vds, no podemos, por el momento, admitir en
pago sus letras aceptadas.

Confiamos recibir sus gratos pedidos y mientras tanto nos suscribimos de Vds attos y ss.ss.

....

IX-5 - Condiciones de venta

...............de...............de 19......

Sres...........................
Calle ....

....

Muy Sres nuestros;

Refiriéndonos a su estimada fecha ....
del corriente, nos complacemos en ofrecerles algunos
lotes de cola de nuestra producción a los siguientes
precios y condiciones:

50 q cola de huesos extra en cuadros a
.... liras p. kg mercancía franco...........................
Embalaje en sacos de yute, peso bruto por neto.

50 q cola fuerte de huesos EDERA en planchas a .... liras p. kg.

Mercancía franco............... Embalaje en sacos
de yute, peso bruto por neto.

50 q cola pura Piel de Conejo a .... liras
p. kg.

Mercancía franco................ Embalaje en sacos de yute, peso bruto por neto.

Pago junto al pedido, descuento 3%.

No dudamos encontrarán esta oferta conveniente y, en espera de recibir sus gratos pedidos, les saludan atentamente

sus ss.ss.

....

IX-6 - Oferta de mercancías

.... 2 de Septiembre de 19......

Sres ....

....

....

Muy Sres nuestros;

Recibimos su atenta con fecha de........................ ppdo y, mientras les agradecemos su demanda tenemos el gusto de ofrecerles:

Cola en frío AEROPLANO de buena calidad a .... liras kilo.

Mercancía franco nuestro almacén.

Embalaje gratis en barriles de 30, 50 y 100 kilos netos, o en paquetes de 1 y 5 kilos.

Pago al contado neto, con el pedido.

Despacho por conducto del ordinario.

Cola semidensa VISCA para cartonajes a .... liras kilo.

Mercancía franco destinación.

Embalaje en barriles de 20, 60 y 100 kilos; a facturar al precio de coste, respectivamente 120, ... y .... liras.

Las demás condiciones son las que tenemos establecidas con Vds.

Por separado les remitimos las muestras de dichos productos sobre cuya calidad podemos darles todas las garantías.

Confiando que la presente oferta les interese, quedamos pendientes de sus gratos pedidos reiterándonos attos y ss.ss.

....

IX-7 - Oferta de mercancías

...............de...............de 19......

Sres............................

Calle ....

....

Muy Sres nuestros;

A continuación de la visita que ha tenido el gusto de hacerles nuestro Sr.., nos es grato participarles:

GOMA LACA: con el objeto de poner a Vds en condiciones de tratar también este artículo, estamos dispuestos a hacerles una reducción del precio indicado, fijándolo en .... liras por kilo para la goma laca T.N. deshojada original, franco punto de salida.................................... Embalaje en sacos originales de 75 kilos cada uno, peso neto; saco gratis.

COLA: los precios que podemos hacerles con validez hasta el 5 de Septiembre p. v. son de .... liras el kilo para el tipo normal de pura piel, y .... liras el kilo para el tipo Conejo extra: entrega en Septiembre.

Como quiera que en el próximo mes de Septiembre reanudaremos nuestra producción, más adelante estaremos en condiciones de ofrecerles otros tipos de gelatinas técnicas, etc.

REMESA: Según convenido verbalmente, quedamos en la espera del saldo de nuestro haber.

Pendientes de sus gratas noticias, nos reiteramos de Vds attos y ss.ss.

....

IX-8 - Oferta de mercancías

...............de...............de 19......

Sres.........................
Calle ....

....

Muy Sres nuestros;

Contestamos a su estimada del.............. ppdo.

Nos es grato poner a disposición de Vds, salvo venta, unos................... q de cola mixta, en sacos de 50 kg al precio de............... liras (...................
.... liras); mercancía puesta en nuestro depósito de Milán, pago al contado en el acto de retirarla.

Por separado, les remitimos una muestra.

Quedamos pendientes de sus noticias sobre el particular y con la esperanza de vernos favorecidos con sus gratos pedidos, aprovechamos la ocasión para saludarles y quedar como siempre de Vds attos y ss.ss.

....

IX-9 - Oferta de mercancías

...............de...............de 19......

Sres ....

....

....

Muy Sres nuestros;

Entre papel viejo y papel de archivo para el pudridor, todavía tenemos disponibles unos 20 qqles métricos que nos complacemos ofrecerles.

En el caso que nuestra oferta les interese, rogamos a Vds sírvanse pasar lo más pronto posible, por esta su casa, para ver el papel y someternos su mejor oferta.

En tal espera, quedamos de Vds attos y ss.ss.

....

IX-10 - Oferta de mercancías por parte de un representante

...............de...........de 19......

Sres ....
Calle ....

....

Ref. Cola de carnaza

Muy Sres míos;

Tengo el gusto de participarles que las casas C............... X........... V........... de Z..............., que represento, son productoras de cola de carnaza.

Sabiendo que Vds son compradores de dicho producto, les quedaré sumamente agradecido si tienen a bien consultarme para sus necesidades. Por mi parte, no dejaré de tener a Vds al corriente de las eventuales fluctuaciones de las cotizaciones.

El precio actual de la cola de carnaza de mis representadas es de .... liras por quintal métrico, peso neto. El producto se suministra en planchas o molido. El embalaje se factura por separado. Las condiciones de pago establecidas son al recibo de la factura.

Confío que mi oferta pueda interesarles y, en espera de recibir sus gratas noticias sobre el particular, aprovecho la ocasión para suscribirme de Vds atto y s.s.

....

IX-11 - Pedidos

...............de...............de 19......

Sres............................
Calle ....

....

Muy Sres nuestros;

Les rogamos remitirnos, con la mayor brevedad posible, muestras de las colas que Vds fabrican indicándonos al mismo tiempo los precios, condiciones de pago y plazo de entrega.

En vista de que somos grandes consumidores y pagamos con puntualidad, confiamos nos harán precios reducidos y de toda conveniencia.

Para referencias e informes sobre nuestra firma pueden Vds dirigirse al Banco...................................., sucursal de...........................

Con la esperanza de poder establecer con Vds
una corriente de negocios de mútuo provecho, quedamos pendientes de sus gratas nuevas y aprovechamos esta oportunidad para suscribirnos de
Vds attos y ss.ss.

....

IX-12 - Pedidos

...............de...............de 19......

Sres...........................
Calle ....

....

Muy Sres nuestros;

Sirve la presente para confirmarles el pedido
que hemos pasado telefónicamente a su repre-
sentante en ésta Don..
de...................... q de cola pura piel al precio
de...................... liras por kilo, a las condiciones
de costumbre.

Les adjuntamos además otro pedido de...........
...........q de cola gelatina extra, cuya calidad nos
ha sido decantada por el citado Sr. ....
...................., al precio de............... liras por kilo,
a las mismas condiciones.

Respecto a este último pedido, nos remitimos
a Vds con la esperanza de conseguir una reducción
sobre el precio indicado, que es el que nos ha sido
mencionado por su representante.

Dado que tenemos urgente necesidad de la
gelatina, debiendo presentarla enseguida a un importante cliente nuestro para la prueba, les ro-

gamos enviárnosla con el primer ordinario, juntamente con una entrega parcial de cola de piel.

En el caso que no tuviesen lista la cola de piel, sírvanse dejarla para un ulterior envío, a fin de no demorar el de la cola gelatina.

Quedamos en la espera de sus gratas noticias y nos reiteramos

de Vds attos y ss.ss.

C............ C............ C............

IX-13 - Pedidos

...............de...............de 19......

Sres...........................
Calle ....

....

Muy Sres nuestros;

En base a su oferta del 21 del pasado mes, nos es grato pasarles el siguiente pedido, al que les rogamos se sirvan dar curso a la mayor brevedad posible:

28 cajas vermouth blanco
15 cajas vino espumoso
30 cajas vino espumoso reserva B

Estamos completamente de acuerdo con las condiciones que Vds nos han comunicado y confiamos recibir en breve la mercancía.

En espera de su confirmación, aprovechamos la oportunidad para saludarles atentamente y suscribirnos suyos ss.ss.

....

IX-14 - Demanda de suministro e instalación de maquinaria

...............de..............de 19......

Sres...........................
Calle ....

....

Muy Sres nuestros;

La presente tiene por objeto rogarles se sirvan comunicarnos a vuelta de correo si se hallan en condiciones de suministrarnos:

.... prensa automática continua

.... secador automático M.P.M.

.... laminador especial de rulos inclinados;

para entrega e instalación dentro de un plazo de 3 meses, a contar desde la fecha del pedido.

En caso afirmativo, tengan a bien indicarnos sus precios y condiciones de pago para cumplimentar el pedido.

Pendientes de sus gratas nuevas, quedamos de Vds attos y ss.ss.

....

IX-15 - Pedidos (aumento)

...............de..............de 19......

Sres...........................
Calle ....

....

Muy Sres nuestros;

Nos referimos a nuestra carta con fecha 26 del crte en la que les rogábamos enviarnos 50 kilos de cola conejo, para pedirles por la presente que nos remitan otros 50 kilos, es decir 100 kilos en conjunto.

Les rogamos solicitar el despacho de dicha mercancía porque hemos contraídos compromisos para su entrega.

Pendientes de su confirmación al respecto, les saludamos atentamente ss.ss.

....

IX-16 - Aceptación de pedido

................de................de 19......

Sres...........................
Calle ....

....

Muy Sres nuestros;

Recibimos ayer su atenta del 9 corriente y nos es grato comunicarles que estamos dispuestos a dar curso a la demanda que en la misma nos hacen. Debemos ponerles de manifesto que, hallándonos actualmente muy atareados, no podremos completar la entrega de la maquinaria que nos piden, y la puesta en obra de la misma, sino dentro de un plazo mínimo de 4 meses. Aseguramos a Vds, sin embargo, que les entregaremos la maquinaria instalada y probada por nuestros técnicos dentro del término indicado.

El precio en conjunto, sumamente alambicado, se compone como sigue:

.... prensa automática continua. . . Lit............

.... laminador especial de rulos inclinados. . . . . Lit............

.... secador automático marca M.M.P.   Lit............

Montaje y accesorios . . . . Lit............

_____

Total . . . . . . Lit............

Nuestras condiciones de pago son:

1/3 al pasarnos el pedido; 1/3 en el acto de empezar la instalación de la maquinaria; 1/3 dentro de un mes después de terminado el trabajo.-

Adjuntamos a la presente algunas declaraciones recientes de firmas a las cuales hemos suministrado nuestras instalaciones.

Con la esperanza de vernos favorecidos con su grato pedido, quedamos pendientes de sus noticias reiterándonos

de Vds attos y ss.ss.

....

IX-17 - Rechazo de un pedido

...............de...............de 19......

Sres.............................
Calle ....

....

Muy Sres nuestros;

Damos a Vds las gracias por la demanda que nos hacen en su atenta del.................... corriente, y sentimos mucho no poderles complacer remitién-

doles nuestras ofertas careciendo de disponibili-
dades de cola mixta en planchas. A causa de los
reducidos suministros de carbón, hemos limitado
nuestra producción a la cola mixta en pasta.

Con la esperanza de poder servirles en otra
ocasión, quedamos de Vds attos y ss.ss.

....

IX-18 - Confirmación de venta

...............de...............de 19......

Sres ....

....

....

Muy Sres nuestros;

A continuación de los acuerdos verbales entre
Vds y el Sr.................................... les confirmamos
la venta de:

.... q de cola piel en tabletas al precio
de............... liras (.................................. liras) por kg;

Mercancía franco punto de salida;

En sacos, peso bruto por neto;

Entrega repartida dentro del corriente mes;

Demás condiciones: las de costumbre.

Estamos satisfechos de haber cerrado este negocio y esperamos que, en el curso del corriente
año, nuestras relaciones alcancen el desarrollo que
deseamos mutuamente.

Agradeceremos se sirvan darnos su conformidad a la presente para nuestro buen gobierno, y en espera de sus gratas nuevas quedamos

de Vds muy attos y ss.ss.

A................ B...............

IX-19 - Confirmación de venta por conducto de representante

...............de...............de 19......

Sres........................

....

....

Muy Sres nuestros;

Según los acuerdos establecidos entre Vds y nuestro representante Don........................... les quedan vendidos: 100 (cien) q extracto de tomate marca « CABALLO » subdivididos en la siguiente forma:

15 q en latas de 10 kilos
25 q en latas de 5 kilos
30 q en latas de 1 kilo
30 q en latas de ½ kilo

————

100 q

Precio .... liras por q franco estación............ Embalaje al costo.

Pago con letra a 60 días con garantía bancaria.

Entrega Septiembre-Octubre.

Les rogamos se sirvan devolvernos la adjunta copia firmada por Vds en señal de aprobación.

Debemos manifestarles que cualquier variación o añadidura, se entiende exclusivamente como recomendación por parte de Vds, pero no constituye ningún compromiso para nosotros si no damos nuestra conformidad por carta.

Sin otro particular, nos repetimos de Vds muy attos y ss.ss.

S............ W............ Y............

IX-20 - Despacho de mercancías

...............de...............de 19......

Sres...........................
Calle ....

....

Muy Sres nuestros;

Nos referimos a su estimada del........... ppdo.

Tenemos el gusto de participarles que esta mañana hemos entregado al recadero ordinario ....el primer lote de................... qles de cemento para entregar en Milán, y esperamos que lo recibirán cuanto antes.

Sin otro particular quedamos a sus siempre gratas órdenes

attos y ss.ss.

....

IX-21 - Despacho de mercancías

...............de...............de 19......

Sres.........................

....

....

Muy Sres nuestros;

Obra en nuestro poder su atenta fecha........ del corriente a la que pasamos a contestar.

Gelatina técnica: En esta fecha les hemos despachado por conducto del ordinario acostumbrado ...., ...sacos de gelatina técnica con un total de........................ kilos, según factura adjunta, cuyo saldo les rogamos nos remitan lo más pronto posible.

Cola conejo: Debemos confirmarles cuanto ya les hemos escrito, es decir que, por el momento, no estamos todavía en condiciones de entregar este producto pues tenemos comprometida nuestra producción para la cola de piel.

Goma laca y aguarrás: Sentimos no poder reducir los precios que les hemos indicado.

Goma laca Angelo A.B.T.N.: Lamentamos no poder complacerles por no tener este producto.

Saldo de nuestro haber: Nada nos dicen al respecto, a pesar de que debiera haber sido liquidado desde hace tiempo. Les rogamos, por lo tanto, tengan a bien remitírnoslo cuanto antes a fin de que no debamos volver a mencionar este asunto.

Pendientes de sus noticias, nos reiteramos de Vds

attos y ss.ss.

P............ P............

Anexa: 1 factura.

IX-22 - Retraso en la entrega

..............de...............de 19......

Sres............................
Calle ....

....

Muy Sres nuestros;

Nos referimos a nuestra carta del............ y contestamos a la suya con fecha ....

La entrega de los 10 q de pez que debían efectuarnos para fines de.................... y que luego nos aseguraron para el ...., según su carta del...................., todavía no nos ha sido hecha.

Nos damos cuenta del motivo que han aducido respecto a la causa del retraso, pero Vds deben comprender también que la lentitud con la cual efectúan las entregas nos pone en condiciones de inferioridad frente a nuestros competidores, los cuales se aprovechan de nuestra momentánea falta de mercancía.

Dado que no podemos permanecer más tiempo sin la mercancía que les hemos pedido, les rogamos nos aseguren de efectuar el despacho por conducto del ordinario, en un plazo que no exceda ocho días de la fecha de la presente pues, de lo contrario, nos veremos obligados a anularles el pedido.

Recomendándoles tomen nota de cuanto precede y, pendientes de sus noticias sobre el particular, nos reiteramos

de Vds attos y ss.ss.

....

IX-23 - Solicitación envío de mercancías

...............de...............de 19......

Sres.........................
Calle ....

....

Muy Sres nuestros y amigos;

El pedido que les remitimos en fecha...................,
por conducto de su representante Sr.......................,
por 10 q de cola de huesos, nos fué confirmado
por Vds con su carta del .... con la promesa
de efectuar el despacho a fines del mes de...............

En vista de que, hasta la fecha, no hemos
recibido todavía la mercancía que nos está hacien-
do mucha falta, les rogamos se sirvan remitírnosla
con la mayor brevedad dado que, una demora ulterior del envío, nos causaría perjuicios.

No dudando que darán inmediatamente curso
a nuestra solicitud, quedamos pendientes de sus
noticias sobre el particular y, mientras tanto,
somos como siempre suyos attos ss.ss. y amigos.

....

IX-24 - Solicitación envío de mercancías

...............de...............de 19......

Sres...........................
Calle ....

....

Muy Sres míos;

Me refiero a mi carta del............ en la que les
anunciaba el envío de un giro por la suma de
.... Liras (.................................liras) en

pago de una entrega que debían hacerme de............
kilos de cola fuerte en briquetas.

Siento comunicarles que, hasta la fecha, no
he recibido nada y me extraña en verdad este
atraso en el despacho. Les ruego por lo tanto
me manden dicha mercancía cuanto antes pues
la necesito con urgencia.

En la espera de sus noticias, quedo de Vds
atto y s.s.

....

IX-25 - Reclamación

...............de...............de 19......

Sres.......................
Calle ....

....

Muy Sres nuestros;

Hoy hemos recibido su envío del 5 del crte, y
sentimos manifestarles que nuestro pedido no ha
sido ejecutado conforme.

En efecto, nosotros les habíamos pedido 7
piezas de lona y hemos recibido solamente 4.
Faltan además las 5 piezas de Terliz blanco indicadas en nuestro pedido.

Les rogamos se sirvan mandarnos inmediatamente estas últimas adjuntando, eventualmente,
también cuanto nos han enviado de menos.

Para evitar reclamaciones, que son siempre
molestas, les recomendamos que en el porvenir
cuiden la ejecución exacta de nuestros pedidos.

Esperamos recibir sus gratas nuevas respecto a cuanto les hemos manifestado, repitiéndonos mientras tanto

de Vds attos y ss.ss.

....

IX-26 - Reclamación

...............de...............de 19......

Sres........................

Calle ....

....

Muy Sres nuestros;

Hoy han llegado a nuestro poder las vajillas, que les habíamos pedido.

Sentimos comunicar a Vds que, una parte, ha llegado rota y no podemos establecer si a causa del embalaje defectuoso o por otra circunstancia; pues las cajas que contenían la mercancía estaban intactas.

Las piezas rotas son las siguientes:

5 platos soperos serv. B-572
3 platos serv. B-572
1 plato serv. S-52
13 platos serv. Super 9
7 platos para fruta serv. S-52

Como quiera que a su debido tiempo convinimos con Vds que los riesgos de envío corrían a su cargo, les rogamos, por lo tanto, tengan a bien proveer lo más pronto posible a la substitución de dichas piezas, sin que ello nos ocasione algún gasto.

Naturalmente, tenemos a disposición de Vds la vajilla rota.

Pendientes de sus gratas nuevas, les saludan atentamente

sus ss.ss.

....

IX-27 - Demanda de pago

...............de...............de 19......

Sres...........................
Calle ....

....

Muy Sres nuestros;

Acusamos recibo de su atta fecha 10 del corriente a la que pasamos a contestar.

Según les informamos personalmente, no podemos en absoluto entregar nuestras mercancías si no contra pago al contado o, por lo menos, a breve plazo. Los precios que hacemos son muy bajos y, si no procediésemos de tal manera, desaparecería nuestro beneficio.

Por quanto sea nuestro deseo conceder a nuestros estimados clientes toda clase de facilidades compatibles con nuestros intereses, en el caso actual, no podemos esperar más tiempo el pago de una mercancía despachada y recibida hace ya unos tres meses.

Por lo tanto, esperamos que aprobarán nuestra decisión de girar sobre Vds una letra para el 15 p. v. por valor de..................... a saldo de nuestra factura del.....................

Agradeceremos recibir sus noticias sobre el particular y, mientras tanto, saludan a Vds atentamente

sus ss.ss.

S............. A.............

IX-28 - Pago de mercancías

...............de...............de 19......

Sres............................
Calle ....

....

Muy Sres nuestros;

La presente tiene por objeto informarles que, hoy mismo, hemos dado instrucciones al Banco de Roma de ésta, para que les acredite en la cuenta que tienen Vds en su oficina de Milán, la suma de Liras 137.589.

Con dicha remesa saldamos sus facturas:

nº 732 del 15-3 de Liras   74.921
nº 859 del 9-4 de Liras   62.668
_____

Total Liras   137.589

Les rogamos se sirvan remitirnos el correspondiente recibo conforme y, en tal espera, nos reiteramos como siempre

de Vds attos y ss.ss.

....

IX-29 - Pago de mercancías

.................de................de 19......

Sres...........................
....

....

Muy Sres nuestros;

Tenemos el gusto de incluirles un talón nº 475.479 por valor de Liras................ (........................ .... liras) a cgo del Banco............................... de ...., a saldo de su factura con fecha........ del corriente mes, rogándoles se sirvan remitirnos el correspondiente recibo.

Aprovechamos la ocasión para informarles que, por estar equivocada la dirección, solamente hoy hemos recibido el aviso de la letra de Vds que ya les había sido devuelta por el Banco.

En efecto, según podrán comprobar por nuestro membrete, la denominación de nuestra Sociedad es muy diferente de la que les indicó a Vds su representate Don ...., debiendo decir también lo mismo por lo que respecta a la dirección de nuestro domicilio.

Les rogamos se sirvan comunicarnos cuando podremos mandar nuestro camión para retirar las mercancías de nuestro pedido.

Lamentamos la equivocación que ha originado tantos trastornos y, pendientes de sus noticias, les deseamos un próspero y feliz 19........, quedando como siempre de Vds attos y ss.ss.

....

Anexo: 1 talón nº 475.479.

IX-30 - Oferta no aceptada

................de...............de 19......

Sres.............................
Calle ....

....

Muy Sres nuestros;

Respondemos a su atta del........................ de
Abril ppdo, manifestándoles que hemos suspendido
momentáneamente toda decisión relacionada con
la compra de cola de huesos normal en tabletas,
que Vds nos han ofrecido.

Con la esperanza de poder concertar con Vds
en otra ocasión, reiterándoles las gracias, nos
suscribimos suyos attos y ss.ss.

....

IX-31 - Contestación a una petición de precios y condiciones

.... 30 de Junio de 19......

Sres ....
....
....

Muy Sr. nuestro;

Con referencia a su petición del 18 del corriente, tenemos al gusto de informarle que hemos dado
instrucciones a nuestra sucursal de ésta (calle
Turín, 15) para que se entienda con Vd respecto a
cuanto nos ha solicitado.

Dándole las gracias por habernos distinguido con su preferencia, la saludamos atentamente quedando

de Vd ss.ss.

....

IX-32 - Aviso de despacho de mercancías

.... 3 de Junio de 19......

Sres ....

....

....

Muy Sres nuestros;

Apenas recibido su pedido con fecha 20 del mes pasado, les hemos despachado inmediatamente a su dirección, en G.V., las siguientes mercancías:

Art. 0527 - 10 doc de servicios de vasos cr.

Art. 1271 - 4 doc de servicios de platos o.a.

Art. 1420 - 8 doc de servicios de platos f.

Condiciones de costumbre, factura a 30 días fecha pagadera mediante nuestra letra.

Les damos las gracias por el pedido y quedamos a sus órdenes para lo que gusten mandar, de Vds attos y ss.ss.

....

IX-33 - Devolución de facturas saldadas

.... 10 de Junio de 19......

Sr. Don ....

....

....

Muy Sr. nuestro;

En contestación a su atta del 2 de los corrientes, le devolvemos ajuntas, debitamente saldadas,
nuestras facturas a su cgo que nos había remitido
a tal fin juntamente con el pago.

Dándole las gracias le saludan atentamente
sus ss.ss.

....

3 facturas anexas:

nº 782 de fecha 24-3-19....

n$_0$ 801 de fecha 14-4-19....

nº 812 de fecha   3-5-19....

IX-34 - Recibo a saldo de facturas

.... 3 de Marzo de 19......

Sr. Don ....

....

....

Muy Sr. mío;

Obra en mi poder su atta fecha 23 de febrero
ppdo con anexos efectos bancarios por valor de

Liras 52.500 (cincuenta y dos mil quinientas liras) que, salvo buen fin, he llevado a su haber a saldo de mis facturas siguientes:

n⁰ 0340 del 1-2-19.... por Liras 15.450.—

n⁰ 0371 del 23-2-19.... por Liras 22.850.—

n⁰ 0379 del 28-2-19.... por Liras 14.200.—

Le doy las gracias y quedo de Vd atto y s.s.

....

IX-35 - Anulación de un pedido

.... 3 de Junio de 19......

Sres ....

....

....

Muy Sres míos;

Les confirmo mis cartas de fechas 13/4, 2 y 21/5 ppdos.

Dado que hasta hoy no he recibido la mercancía que les pedí en mi susodicha del 13 de abril, y cuyo envío les solicité con mis sucesivas de fechas 2 y 21 de mayo, les ruego consideren mi pedido anulado, pues no me es posible esperar más los géneros.

Sin otro particular, saludo a Vds atentamente quedando s.s.

....

IX-36 - Oferta de mercancía

.... 17 de Febrero de 19......

Sres ....

....

....

Muy Sres nuestros;

Tenemos el gusto de informarles que hemos comprado a la firma P. Bianchi su bien equipado laboratorio para la confección de miel en botes.

Nos complacería poder entablar relaciones con Vds para la venta de nuestro producto en la ciudad de Milán y, por lo tanto, les comunicamos que estamos dispuestos a concederles las mejores condiciones.

Quedamos en espera de su grata contestación y, saludándoles atentamente, somos

de Vds ss.ss.

....

IX-37 - Oferta de mercancía

.... 20 de Febrero de 19......

Sres ....

....

....

Muy Sres nuestros;

Nos es grato someterles una oferta de:

— Bolitas de Naftalina de origen belga

— Embalaje: Cajas de cartón de 25 kg neto cada una

— Entrega: pronta

— Precio: 130 Lit el kilo, más timbres fiscales.

En el caso que Vds tengan interés en recibir muestras, sírvanse comunicárnoslo y nos apresuraremos a enviárselas.

Esperando que nuestra oferta les interese, quedamos pendientes de sus gratas noticias sobre el particular saludándoles atentamente

de Vds ss.ss.

....

IX-38 - Confirmación de pedido

.... 23 de Junio de 19......

Sres ....
....
....

Muy Sres nuestros;

El pedido que nos han hecho por conducto del doctor Abbiati, tenemos el gusto de confirmarlo a Vds como sigue:

— .... cajas de cartón ondulado de dimensiones cm 170 × 95 × 95.

— término de entrega: 15 d/ laborables

— embalaje: gratis

— consumos: eventuales para Milán; en tránsito

— despacho: por medio del recadero ordinario Rampini - calle A. L. Muratori, 72 - Milán

— mercancía: franco Milán donde el ordinario

— precio: Lit ....

— condiciones de pago: a 30 d/f fact., neto de descuentos, con su remesa directa.

Les rogamos tomen nota de nuestras condiciones generales de venta indicadas al dorso y, dándoles las gracias, les saludamos atentamente

ss.ss.

....

IX-39 - Demanda de lista de precios

..............de..............de 19......

Sres ....

....

....

Muy Sres nuestros;

Nos interesa comprar materiales y maquinarias de su producción, y les quedaremos sumamente agradecidos si tienen la amabilidad de mandarnos su catálogo ilustrado con la correspondiente lista de precios. Indicándonos, además, las condiciones que están dispuestos a concedernos.

Esperando tomen en consideración cuanto les solicitamos, quedamos

de Vds attos ss.ss.

El Director

....

IX-40 - Envío de presupuesto

.... 23 de Enero de 19......

Sres ....

....

....

Muy Sres nuestros;

Nos referimos a la petición que, por conducto del Sr. Giacobbe, nos han hecho en fecha 3 del crte, y tenemos el gusto de someterles nuestra mejor cotización y condiciones de venta para el suministro de:

5.000 cajitas de KC/A/760
tamaño 360 × 295 × 360 mm - .... Lit cada una

5.000 cajitas de KC/A/550
tamaño 360 × 295 × 145 mm - .... Lit cada una

Dichos precios se entienden por cajitas estampadas a dos colores. Entrega dentro de 20/25 d/ a contar desde la confirmación del pedido.

— transporte con nuestro autotrén

— consumos eventuales excluídos

— mercancía franco Milán

— instalación estampado al costo y a cargo de Vds

— condiciones de pago: contra factura descuento 2%, o neto mediante letra a 60 d/f sin el mes.

Quedamos en la espera de su grato pedido que ejecutaremos con todo esmero y, con gracias de antemano, quedamos suyos ss.ss.

....

IX-41 - Comunicación de nuevos precios

.... 13 de Noviembre de 19......

Sr. Don ....
....
....

Muy Sr. nuestro;

A raíz del aumento de los costes de algunas primeras materias, nos hemos visto obligados a modificar nuestros precios de venta.

Por lo tanto, le adjuntamos la nueva lista de precios, cuya aplicación tendrá curso inmediato para todos los nuevos pedidos que recibamos a partir de esta fecha.

Aprovechamos la ocasión para saludarle atentamente y suscribirnos

de Vd ss.ss.

Adjunto: lista de precios.

IX-42 - Confirmación de pedido

.... 7 de Junio de 19......

Sres ....
....
....

Muy Sres nuestros;

Nos referimos a su grato pedido, que nos han pasado a continuación de los acuerdos verbales con el Sr. Masoero, y tenemos el gusto de confirmarles la venta de:

Producto   Fosfato monosódico cristalizado alimen-
            ticio.

Cantidad   2.000 kg.

Precio   Lit 136 / kg. Sellos fiscales extranjeros
         inluídos.

Embalaje   Gratis.

Entrega   Franco Casalpusterlengo.

Despacho   Hemos transmitido ya su pedido a n/
         Casa francesa para su pronto despacho.

Condiciones de pago: 60 días fecha factura al cui-
                dado de la Agencia 18 del
                Banco de .... en ....

Dándoles las gracias, les saludamos.

X

LETRAS

DÉCIMA SERIE

X-1 - Presentación de letras para el descuento

..............de...............de 19......

Al Banco ....

....

....

Muy Sres nuestros;

Tenemos el gusto de remitirles adjuntas............
letras por un total en conjunto de:
Liras.................... (.. liras),
según nota que las acompaña, rogándoles tengan
a bien descontárnoslas a las condiciones de costumbre.

Anticipándoles las gracias, nos suscribimos
de Vds attos y ss.ss.

....

X-2 - Demanda de renovación de una letra

..............de...............de 19......

Sres......................

....

....

Muy Sres nuestros;

Sin ninguna de Vds a la cual referirnos, formulamos la presente para informarles que, no ha-

biéndonos sido posible cobrar algunos créditos
sobre los cuales contábamos para retirar la letra
de Vds vencida el 15 crte, muy a pesar nuestro
nos vemos obligados a pedirles una renovación de
cuatro meses. Naturalmente, cargándonos en la
nueva letra los intereses y gastos bancarios.

Aseguramos a Vds desde ahora, que no esca-
timaremos sacrificio alguno para retirar la nueva
letra a su vencimiento.

Dados nuestras antiguas relaciones y la cor-
rección de que les hemos dado siempre pruebas,
confiamos que no dejarán de otorgarnos el favor
que les pedimos.

Anticipándoles las gracias, nos reiteramos

de Vds attos y ss.ss.

....

X-3 - Demanda de intervención para retirar una letra

...............de...............de 19......

Sres........................
Calle ....

....

Muy Sres míos;

A pesar de mis esfuerzos, me es de todo punto
imposible reunir los fondos necesarios para retirar el pagaré a favor de Vds de Liras....................
que vence a fines del corriente mes. Les ruego,
por lo tanto, tengan a bien retirarlo de la circulación y aceptar la mitad de su importe, o sean
Liras...................., que les remito con el adjunto
giro a cargo del Banco Y, mientras por el saldo

(más intereses y eventuales gastos bancarios), pueden librar una letra a mi cargo con vencimiento a fines del mes que viene.

Espero que me otorgarán el favor que les pido debido a la falta momentánea de fondos, mas les aseguro que pongo todo empeño para cumplir con mis compromisos.

Quedo en espera de su contestación al respecto y, anticipándoles las más expresivas gracias, me reitero

de Vds atto s.s.

....

X-4 - Envío de una letra para su aceptación

...............de...............de 19......

Sr. Don.....................
Calle ....

....

Muy Sr. nuestro;

En contestación a su atenta del..................... del corriente, le manifestamos que estamos dispuestos a concederle la renovación que nos ha pedido, siempre que Vd nos asegure que retirará la nueva letra a su vencimiento.

Adjunto a la presente le remitimos el nuevo efecto de resaca rogándole se sirva devolvérnoslo debidamente firmado y, apenas lo recibamos, proveeremos a enviarle la letra vencida y protestada que obra en nuestro poder.

El monto de la nueva letra de resaca, vencimiento 15........................... p. v., está compuesto como sigue:

Importe letra vencida el . . . . Liras............
Gastos bancarios (cuenta de resaca) Liras............
Sello fiscal nueva letra . . . . . Liras............
Intereses bancarios. . . . . Liras............

Total Liras............

Pendientes de sus noticias sobre el particular nos reiteramos de Vd attos y ss.ss.

....

Anexa: una letra.

X-5 - Devolución de una letra aceptada

...............de...............de 19......

Sres...........................
Calle ....

....

Muy Sres míos:

Acuso recibo de su atenta fecha............... del corriente.

Les doy las más expresivas gracias por el favor que me han hecho y les confirmo que, a su vencimiento, retiraré puntualmente la letra que les devuelvo adjunta regularmente aceptada.

Sin otro particular, quedo a sus órdenes atto y s.s.

....

Anexa: una letra.

X-6 - Envío de una letra para su regulación

...............de...............de 19......

Sres.........................

....

....

Muy Sres nuestros;

Adjunta a la presente les devolvemos su L/ de Liras................. vencimiento..................., que nos han remitido con su carta del..........................., porqué el timbre fiscal es insuficiente. Les rogamos tengan a bien substituirla con otra en regla y devolvérnosla lo más pronto posible.

En tal espera les saludan atentamente sus ss.ss.

....

Anexa: una letra.

X-7 - Envío de un giro para su endoso

...............de...............de 19......

Sres........................
Calle ....

....

Muy Sres nuestros;

Obra en nuestro poder su estimada del............ del corriente.

Examinando el giro de Liras................ que nos han remitido hemos notado que se han olvidado de endosarlo. Se lo devolvemos, por lo tanto, rogándoles se sirvan completarlo y mandárnoslo a vuelta de correo.

En espera de su contestación, somos de Vds attos y ss.ss.

....

Anexo: un giro.

X-8 - Devolución de un giro endosado

..........de.........de 19......

  Sres ....
  Calle ....

....

Muy Sres nuestros;

Llega a nuestras manos su estimada del............ con adjunto nuestro giro de Liras............................ sobre........................ que nos han devuelto porque carecía de nuestro endoso.

Tenemos el gusto de devolvérselo debidamente regularizado.

Les rogamos dispensar el olvido involuntario en que hemos incurrido y, sin otro particular, somos de Vds attos y ss.ss.

....

Anexo: un giro.

X-9 - Efecto insoluto

, ...

Sres ....
Plaza ....

....

Muy Sres nuestros;

Les comunicamos que el efecto nº........... vencido el .... a cargo de .... por la suma de Lit.................... (......................... liras) nos ha sido devuelto impagado.

Los gastos resultan en la nota adjunta.

Los rogamos tengan a bien proveer a retirarlo a vuelta de correo.

En tal espera quedamos de Vds attos y ss.ss.

....

Anexa: una nota de gastos.

X-10 - Declaración de falta de pago

El infraescrito............................., según los tér-minos del art................ del decreto........................., y para los efectos correspondientes, declara haber rehusado en esta fecha el pago de la presente letra, por hallarse desprovisto de los fondos nece-sarios y porqué con el librador, Don..................., había convenido la renovación de la deuda.

............................de.........................de 19........

....

(*La presente declaración debe escribirse al dorso de la letra o sobre el volante de prolongación de la misma, o en acto por separado.*

Para que pueda producir los efectos del protesto, dicha declaración debe ser registrada dentro de los términos que marca la ley para los protestos).

X-11 - Amenaza de proceder judicialmente

.... 10 de Junio de 19......

Sr. Don ....

....

....

Muy Sr. nuestro;

Pasamos a contestar a su estimada del................

Nos asombra constatar que Vd deja protestar sus aceptaciones sin hacer honor a su firma.

Si, por lo menos nos hubiese avisado que no tenía fondos disponibles, habríamos hecho con Vd lo mismo que, en semejantes casos, hacemos con nuestros demás clientes: le habríamos remitido el dinero que le faltaba para poder recoger la letra. Su modo de proceder no es, por cierto, el que induce a ganar la confianza y el aprecio de sus abastecedores. Le manifestamos que si no retirará la letra de Liras 53.000 (cincuenta y tres mil liras) que hemos librado a su cargo, y que comprende los gastos de protesto, timbre, bancarios e intereses, nos veremos obligados a entregar la letra protestada a nuestro abogado para que proceda contra Vd.

Lo que le comunicamos para su buen gobierno y, sin otro particular, quedamos de Vd attos y ss.ss.

....

XI

BANCA Y BOLSA

UNDÉCIMA SERIE

XI-1 - Envío de un extracto de cuenta

...............de...............de 19......

Sr. Don ....
Calle ....

....

Muy Sr. nuestro;

Le adjuntamos el extracto de su cuenta corriente cerrada el................... con un saldo de: Liras................... (... liras) a su favor que le hemos acreditado en cuenta nueva.

Le rogamos se sirva examinarlo y, hallándolo conforme, darnos su aprobación devolviéndonos firmado el volante que a tal fin le remitimos.

Quedamos de Vd attos y ss.ss.

Banco N...................

Anexos: documentos descritos.

XI-2 - Comunicación de renovación de una cta vinculada a plazo determinado

...............de...............de 19......

Sr. Don....................
Calle ....

....

Muy Sr. nuestro;

Con referencia a las normas que regulan los depósitos vinculados en nuestra institución, cábenos el placer de comunicarle que hemos prolongado el vínculo de su cta que vence el........................ hasta · el............................... al mismo tipo de interés del............%.

Lo que le comunicamos para su buen gobierno, quedando

de Vd attos y ss.ss.

Banco P...........................

XI-3 - Revocación de cta vinculada a plazo determinado

...............de...............de 19......

Sr. Don....................
Calle ....

....

Muy Sr. nuestro;

Nos referimos a su depósito en cuenta vinculada sobre el cual le abonamos el interés del............ para manifestarle que, las condiciones actuales del mercado monetario, no nos permiten mantener un tipo de interés tan elevado, que cesaremos de abonarle a partir del día...........................

Al finalizar dicho plazo, nosotros estamos dispuestos a concederle el mayor tipo de interés que nos permitan las condiciones del mercado, bajo su promesa de vincular la cta en fecha a convenirse.

Si, contrariamente a lo que esperamos, no nos hubiésemos puesto de acuerdo al terminar el plazo del vínculo, pondremos la suma a su disposición en una c/c/ libre que gozará, desde tal fecha, los intreses en vigor sobre los depósitos ordinarios.

Quedamos pendientes de su contestación sobre el particular y, mientras tanto, nos reiteramos de Vd attos y ss.ss.

Banco S...........

XI-4 - Demanda de condiciones para ia apertura de una c/ c/

...............de.....   ....de 19......

Sr. Gerente del Banco ....

....

....

Muy Sr. mío;

Ruego a Vd tenga a bien comunicarme las condiciones para la apertura de una cta corriente en ese Banco.

Pendiente de sus gratas noticias sobre al particular, me suscribo

de Vd atto y s.s.

....

XI-5 - Petición de un préstamo

...............de...............de 19......

Banco de ....

....

....

Muy Sres nuestros;

Según les comunicamos a su debido tiempo, las firmas A y B se han fusionado bajo la razón social A & B unificando, por lo consiguiente, las cuentas corrientes que tenían en ese Banco.

Ahora se nos ofrece la ocasión de hacernos cargo de la casa C, nuestra antigua competidora, que ha sido puesta en liquidación. Su adquisición sería ventajosa para nosotros si pudiéramos hacerla al contado. Es por esta circunstancia que nos permitimos solicitar de Vds nos concedan un crédito hasta la cantidad de ....

En garantía, podemos ofrecerles una primera hipoteca sobre los bienes raíces de nuestro titular Don.., que posee una quinta en Rímini y una finca agrícola en las cercanías de Pavía

Si están dispuestos a acoger nuestra demanda, les rogamos se sirvan comunicárnoslo lo más pronto posible a fin de que nuestro Sr...........................
pueda personarse en esas oficinas con toda la documentación.

Pendientes de sus gratas nuevas sobre el particular, nos reiteramos como siempre de Vds attos y ss.ss.

....

XI-6 - Demanda de apertura de crédito

................de...............de 19......

Al Banco ....

....

....

Muy Sres míos;

Sin ninguna de Vds a la cual referirme.

Les ruego comunicarme, con la mayor brevedad posible, si están dispuestos a concederme un crédito en ese Banco por la cantidad de:

Ptas 100.000 (cienmil pesetas) mediante depósito en garantía de:

.... Obligaciones A B 4%

.... Acciones C

.... B.T. 5%

En caso afirmativo sírvanse indicarme los valores y el número de títulos que deberé depositarles.

Pendiente de su contestación, les saluda atentamente su s.s.

....

XI-7 - Orden de comprar títulos

...............de...............de 19......

Sr. Director del Banco ....

....

....

Muy Sr. nuestro;

Le rogamos se sirva comprar por nuestra cuenta, al mejor cambio:

25 (veinte y cinco) Obligaciones

50 (cincuenta) Acciones...................................

Esta orden es valedera hasta el 20 del corriente mes.

El importe correspondiente nos lo cargará en nuestra c/c/.

En espera de conocer el resultado de nuestro encargo, con gracias anticipadas, quedamos de Vd attos y ss.ss.

....

XI-8 - Orden de venta de títulos

...............de...............de 19......

Al Banco ....

....

....

Muy Sres nuestros;

Les rogamos se sirvan vender por nuestra cuenta:
50 (cincuenta) acciones al cambio de Liras....,
orden valedera hasta el...

La cantidad que realicen nos la acreditarán en nuestra c/c/ con Vds.

Esperamos sus gratas nuevas sobre el particular y quedamos

de Vds attos y ss.ss.

....

XI-9 - Acuse de recibo de una cantidad entregada

...............de...............de 19......

Sr. Don......................
Calle ....

....

Muy Sr. nuestro;

Según recibo de caja n⁰ 327, hoy nos ha entregado la cantidad de:

Liras 300.000 (trescientas mil liras), que le hemos abonado en cuenta especial ....% neto, valor usual, vinculada hasta el 31 de Diciembre de 19........

Le saludan atentamente sus ss.ss.

....

XI-10 - Remesa de fondos

...............de...............de 19......

Sr. Don R. S ....
Calle del..........nº

....

Muy Sr. nuestro;

Por cuenta y orden de nuestra sucursal de........
.... nº .... le remitimos adjunta a la
presente una libranza por valor de:

Liras............... (............................ liras) sobre
el Banco M...................... Y........................ de ésta.

Le rogamos se sirva acusarnos recibo apenas
haya cobrado dicha cantidad y, en tal espera, le
saludan atentamente sus ss.ss.

Banco W............... J...............

XI-11 - Apertura de crédito

...............de...............de 19......

Sres...........................
Calle ....

....

Muy Sres nuestros;

En contestación a su atta del...................... del
corriente, nos es grato comunicarles que, en principio, estamos dispuestos a concederles el crédito
que solicitan, pero es necesario que Vds presenten
una instancia (cuyo formulario les incluímos rogándoles devolvérnoslo con la mayor brevedad po-

sible) que deberá examinar nuestro comité de descuentos.

Las condiciones que hacemos, por regla general, son las siguientes:

interés............%

comisión 1/4 % sobre el montante del crédito otorgado:

cierre de cuentas trimestral.

Quedamos de Vds attos y ss.ss.

....

XI-12 - Apertura de crédito

...............de...............de 19......

Sr. Don....................
Calle ....

....

Muy Sr. nuestro;

Nos referimos a su atta del...................... a la que correspondemos.

Nos es grato participarle que podemos concederle una apertura de crédito mediante depósito, en garantía, de los títulos que Vd nos ha indicado. Debemos manifestarle, sin embargo, que el crédito máximo será en un primer momento por la cantidad de:

Ptas 50.000 (cincuentamil pesetas) y Vd nos depositará:

...........B. T. 1977
...........Obligaciones

cuyos intereses le abonaremos a medida que venzan.

Le remitimos adjunto el contrato regular en dos copias, una de las cuales tendrá a bien restituirnos debidamente firmada por Vd.

Somos de Vd attos y ss.ss.

....

XI-13 - Convocatoria de asamblea y oferta de representación

...............de...............de 19......

Sr. Don.....................
Calle ....

....

Muy Sr. nuestro;

Tenemos el gusto de comunicarle que los accionistas de la X..................... Y.................... Soc. p. A. - M...................., han sido convocados en asamblea general ordinaria a las........... horas del día........... del mes de....................... p. v. en G....................... en los locales de la Soc. General W....................... calle.......................... nº...........

Dado que nuestro Banco es uno de los encargados del depósito de las acciones, a los efectos de la asamblea en cuestión, estamos a disposición de Vd para recibir en tiempo útil, es decir dentro del....................... p. v. las acciones que Vd posea eventualmente.

En el caso que Vd tenga interés en el asunto y no pudiese intervenir personalmente, nos ponemos gustosos a su disposición para representarle en la asamblea y referirle, sumariamente, res-

pecto a los acuerdos de la misma y, esto, <u>sin ningún gasto por su parte.</u>

Dándole las gracias de antemano por la preferencia que confiamos querrá reservarnos, le saludamos atentamente suyos ss.ss.

Banco Z. - Sucursal de A.

XI-14 - Comunicación de pago dividendo de acciones

...............de...............de 19......

Sr. Don.................
Carrera ....

....

Muy Sr. nuestro;

Tenemos el gusto de participarle que, en virtud
de las deliberaciones de la Asamblea General ordinaria del........... mes de........... a partir del...............
empezará el pago del dividendo relativo al balance
cerrado el 31 de Diciembre de 19........, de la X........
Y................ Soc. por Acciones, M.........................
a razón de:
Liras...................... (.........................liras) neto por
cada acción nominal tanto de la categoria A como
de la B, habiendo sido ya deducio el impuesto
sobre cupones, y contra entrega del cupón nº X.

Estamos a su disposición para el pago del
susodicho dividendo y para todas aquellas otras
operaciones que eventualmente pudiese necesitar.

Quedamos de Vd attos y ss.ss.

Banco Z. - Sucursal de A.

XI-15 - Envío lista de títulos extraídos

.... 26 de Septiembre de 19......

Sr. Don ....

....

....

Muy Sr. nuestro;

Según nos ha pedido, nos apresuramos a enviarle la lista de nuestras obligaciones 6 1/2 % extraídas el 31 de julio de 19.... y reembolsables a partir del 1º de octubre p.v.

En dicha lista se indican también los títulos sorteados en las extracciones precedentes y no presentados todavía para el reembolso.

La saludamos atentamente, de Vd ss.ss.

El Director

....

XI-16 - Renovación del alquiler de una caja de seguridad

.... 16 de Mayo de 19......

Sr. Don ....

....

....

Muy Sr. nuestro;

Le participamos que el alquiler, de la caja de seguridad Nº 315 de IIª categoría, ha caducado el 29 de mayo ppdo.

Para su renovación es necesario que Vd presente a esta Oficina, directamente o por conducto de un encargado suyo, el recibo del último alquiler pagado.

De Vd attos y ss.ss.

El jefe de la Oficina

....

N. B. — Para nuestros Cuentacorrentistas (salvo orden contraria) proveeremos de oficio a la renovación, dándoles oportuno aviso del adeudo del alquiler en su cuenta corriente.

XI-17 - Oferta de servicios

.... 1º de Julio de 19......

Sr. Don ....

....

....

Distinguido Señor;

Tenemos el gusto de participarle el reciente traslado de nuestra Agencia urbana nº 3, de la Calle Compagnoni a la Plaza Dateo nº 5, donde, en las modernas oficinas perfectamente dispuestas para efectuar cualquier operación de banca, se ha puesto también a disposición de los Sres clientes un servicio de cajas de seguridad instalado en un local acorazado.

Las tarifas en vigor para el alquiler de los diversos tamaños son las siguientes:

	semestre	un año
Tam. I - 80×160×400 mm	....	.... liras
II - 150×160×400 mm	....	.... liras
III - 150×350×400 mm	....	.... liras
IV - 200×350×400 mm	....	.... liras

más los impuestos y sellos fiscales prescritos.

Quedaremos sumamente complacidos si Vd quisiera aprovechar los servicios de nuestra Agencia para sus necesidades bancarias y honrar con su grata visita nuestra nueva instalación.

Aprovechamos la oportunidad para saludarle atentamente y suscribirnos suyos ss.ss.

Banco de Milán

....

XI-18 - Remesa de efectos para el cobro

.... 2 de Enero de 19......

Sres ....
....
....

Muy Sres míos;

Adjunto a la presente les remito 9 letras, según nota al pie, rogándoles tengan a bien cuidar el cobro por mi cuenta acreditándome el producto líquido.

Quedo de Vds atto y s.s.

....

Anexos:

1 L/ de Lit 19.500 ,venc. 15-1-966, cgo Nicolás Pa-
  lasciano, Bari, c. g..

2 ....

3 ....

4 ....

5 L/ de Lit 12.000, venc. 20-1-966, cgo Juan Rossi,
  Foggia, c. g...

6 ....

7 ....

8 ....

9 L/ de Lit 32.400, venc. 31-1-966, cgo Mario Bo,
  Bo, Pescara, c. g..

XI-19 - Carta de abono

.... 15 de junio de 19......

Sres ....

....

....

Muy Sres nuestros;

Sírvanse tomar nota de los siguientes asientos
efectuados hoy en su c/c, en conformidad con su atta
fecha 12 de los corrientes.

Debe	Haber	Valor	
	272.000	14/6	talón sobre Savona

De Vds attos y ss.ss.

p. Banco de Roma
AMATORE

XI-20 - Carta de adeudo

.... 12 de Junio de 19......

Sres ....

....,

....

Muy Sres nuestros;

Sírvanse tomar nota de los siguientes asientos efectuados en su c/c, en conformidad a las operaciones de hoy.

Debe	Haber	Valor	
527.000		9/6	

De Vds attos y ss.ss.

p. Banco ....

....

XI-21 - Dando la conformidad a un extracto de cuenta

.... 10 de Junio de 19......

Sres ....

....

....

Muy Sres míos;

He recibido el extracto de mi c/c cerrada al 31-5-19.... con un saldo a mi favor de:

Lit 1.573.258, valor 28/5

y, hallándolo exacto con mis asientos, les doy mi conformidad.

Les saludo atentamente quedando de Vds s.s.

....

XI-22 - Transferencia de títulos

.... 29 de Mayo de 19......

Sres ....

....

....

Muy Sres míos;

Ruégoles sírvanse transferir en un expediente, para custodia transitoria, a nombre de la S.A.P. U.C. de Génova, Calle Doria 75, las 95 acciones de la F.I.C.R.P. de 500 liras nominales, que les deposité en fecha 20 del crte por conducto de la Agencia nº 8 de ese Banco.

Me es grato saludarles y suscribirme

de Vds atto y s.s.

....

XI-23 - Solicitación pago alquiler de una caja de seguridad

.... 20 de Febrero de 19......

Sr. Don ....

....

....

Muy Sr. nuestro;

Por la presente le informamos que, su contrato de alquiler de la caja de seguridad nº 23 tamaño 1, ha vencido el día de ayer y que, en conformidad a las condiciones establecidas por el artículo 7 del reglamento para el servicio de las cajas de seguridad, lo hemos renovado de oficio.

Sírvase tomar nota que la renovación vencerá el 19-2-19.... y el monto de la misma es de .... que le rogamos tenga a bien abonarnos.

Sin más, quedamos de Vd attos y ss.ss.

Banco ....

XII

EXPORTACION E IMPORTACION

DUODÉCIMA SERIE

XII-1 - Informes sobre negocios suspendidos

...............de...............de 19......

Sres.........................
Calle ....

....

Muy Sres nuestros;

A su debido tiempo, recibimos su estimada carta del..................., a la que no hemos podido contestar inmediatamente porque nuestro director, Don........................:........, hallábase de viaje.

Damos a Vds las gracias por los informes que nos han facilitado sobre su actividad y las posibilidades de negocios entre la Sociedad de Vds y la nuestra, como así mismo por las cotizaciones que nos han pedido y que les enviamos.

Nos parece que los precios de las colas, en Italia, son mucho más altos que en Francia. En efecto, el precio de la cola de huesos en nuestro país es actualmente de Fcs.................... el kilo con posibilidad de reducción por ventas de grandes cantidades.

Por esto nos parece difícil la importación de cola italiana mientras las condiciones sean las

mismas. Sin embargo, estaremos en contacto con
Vds con el fin de aprovechar todas aquellas oportu-
nidades que puedan presentarse porque, para nosotros, es particularmente grato reanudar las relaciones no solamente con Italia y, especialmente,
con su estimada casa.

Mientras tanto quedamos de Vds attos y ss.ss.

p.p. ....

XII-2 - Informes sobre negocios suspendidos

...............de...............de 19......

Sres...........................
Calle ....

....

Muy Sres nuestros;

Obra en nuestro poder su atta del 23 de Marzo
a la que contestamos.

Vds, como nosotros, han puesto de relieve la
gran diferencia de precio que existe actualmente
entre las colas italianas y las francesas.

Nosotros no pensamos que, en las circunstancias actuales, nuestros fabricantes estén dispuestos
a llevar a cabo acuerdos de exclusiva para la venta
de sus colas en Italia.

Personalmente, creemos que para Vds sería conveniente establecer relaciones de negocios con una
sola fábrica.

El principio de la exportación de las colas
fuertes ha sido admitido, por nuestro gobierno,
para un tonelaje limitado, dado que en Francia

hay escasez de ellas y, las cantidades que los fabricantes franceses podrán exportar a Italia serán poco importantes durante algún tiempo.

Esperamos poder hacerles próximamente una oferta de cola de piel y de cola de conejo.

Por lo que respecta a la cola de pez, todavía no se ha reanudado la fabricación.

Por el momento, no nos ocupamos de colas para zapateros, por lo que sentimos no poderles someter oferta de ellas.

Nos sería grato recibir sus ulteriores noticias a propósito de la cola de caseína mientras, por nuestra parte, enviaremos a Vds todos los informes útiles concernientes las calidades que les interesan.

Y nada más por hoy que reiterarnos de Vds attos y ss.ss.

....

XII-3 - Oferta

...............de...............de 19......

Sres ....   y Cía

....

....

Muy Sres nuestros;

Hemos recibido su telegrama así concebido: « telegrafíen precios mínimos trigo........... entrega finales próximo condiciones conocidas » al que hemos contestado con nuestro telegrama de hoy que les confirmamos en todas sus partes; y por el cual quedan informados que estamos dispuestos a venderles:

5.000 hl de trigo .... al precio de L.
Ester................ *fob* Buenos Aires a las condiciones
acostumbradas y, precisamente:

peso: el reconocido al embarcar la mercancía,
tolerancia 2%;

pago: mediante aceptación de nuestra letra
en L. Ester. a la vista, sobre el Banco X de Génova
y domiciliada en el W. Bank de Londres.

En espera de recibir sus gratos pedidos, nos
reiteramos, como siempre, de Vds attos y ss.ss.

....

XII-4 - Demanda de mercancías

...............de...............de 19......

Sr. Don........................
Calle ....

....

Muy Sr. nuestro;

La presente tiene por objeto rogarle se sirva
cotizarnos sus últimos precios para los siguientes
productos:

naranjas, limones, limones para confituras,
naranjas amargas, en cajas de madera de 100 libras cada una.

Su dirección nos ha sido proporcionada por
la casa Marshall de...................., con la que hacemos
operaciones de mucha importancia, a la cual puede dirigirse Vd para conseguir informes sobre
nosotros.

Si los precios que Vd nos cotizara fueran convenientes y los productos satisfacen a nuestros clientes podremos pasarle pedidos por grandes cantidades.

Pendientes de su contestación, que contamos recibir en breve, aprovechamos esta oportunidad para suscribirnos

de Vd attos y ss.ss.

....

XII-5 - Demanda de suministro

.... 11 de Abril de 19......

Sres ....
....
....

Muy Sres nuestros;

Una firma de California, bien conocida en el ramo confección de uniformes y equipos militares, desea ponerse en comunicación con uno o más fabricantes italianos de botones y distintivos de aluminio dorado.

En el caso que Vds se hallen en condiciones de proveer al suministro de los botones y distintivos indicados, les rogamos se sirvan remitirnos las correspondientes muestras para someterlas a la firma interesada.

Pendientes de sus gratas noticias al respecto, quedamos

de Vds attos y ss.ss.

El Consejero Comercial

XII-6 - Variación de precios

................de................de 19......

Sres X...............................
Calle...................................

....

Muy Sres nuestros;

Contestamos a sus attas del 15 y 25 del mes pasado.

Con referencia a las mismas y a cuanto hemos comunicado verbalmente a su encargado en fecha 3 del corriente, les confirmamos que a consecuencia de los aumentos de la mano de obra y de las primeras materias, habidos en el ínterin, los precios de los aparatos radio-receptores de su pedido nº 42-97-MAL-2 se entienden modificados como sigue:

Tipo S 82 de 3 válv. . . . .   Lg. 12.10

»   S 79 de 5 válv. más ojo mágico.   » 24.06

»   S 91 de 7 válv. (radiofónografo)
              más ojo mágico . . . .   » 52.00

                                        _____

                                Total Lg. 88.16

Por su citado encargado, tenemos conocimiento de que, su corresponsal de Z, ha procedido a la relativa apertura de crédito pero a favor de Vds. Esta circunstancia obstaculiza la ejecución regular del pedido y sería preferible que, la apertura de crédito en cuestión, fuese transferida a nuestro favor. En tal caso, nosotros facturaremos la mercancía directamente al destinatario, proveyendo también al despacho y a todas las operaciones inherentes al embarque.

Además, dado el aumento de precios, consideramos que la cantidad puesta a disposición no es suficiente para cubrir nuestro crédito, por lo que estimamos oportuno que, al pedir a los Sres Z. la diferencia de precio, provean también a hacerles modificar la apertura de crédito pasándola a nuestro favor.

El crédito debe ser irrevocable y a nuestro favor, y abierto en uno los siguientes bancos: Banco X............... W............... o Banco Y............... Z..............., ambos de Milán.

Debemos añadir que los precios arriba indicados son netos para nosotros y no comprenden ninguna comisión para Vds. Por consiguiente, en el caso que Vds entiendan percibir una comisión, deberán aumentar los precios en proporción frente a su corresponsal Z.

En tal caso, apenas hayamos cobrado el crédito, abonaremos a Vds la comisión en liras italianas al cambio del día.

Si la solución que les proponemos no fuese del agrado de Vds, les rogamos se sirvan pasar por nuestras oficinas para llegar a un acuerdo.

Quedamos en espera de sus gratas noticias sobre el particular y nos reiteramos como siempre de Vds attos y ss.ss.

Y ....

XII-7 - Variación de precios

...............de...............de 19......

Sres Y.......................
Calle ....

....

Ref. n/ pedido N. 42-97-MAL-2

Muy Sres Nuestros;

Nos sorprende no haber recibido todavía la confirmación escrita de los nuevos precios de los aparatos radio-receptores que les pedimos para nuestra coasociada Z., precios que habían sido comunicados de palabra, a nuestro encargado, por parte del Sr.. en fecha 3 del crte como sigue:

Tipo S 482 . . . . £ ....
Tipo S 79 . . . . £ ....
Tipo S 91 . . . . £ ....

FOB Génova sin comisión para nosotros. Añadiendo nuestra comisión, dichos precios resultan:

Tipo S 482 . . . . £ ....
Tipo S 79 . . . . £ ....
Tipo S 91 . . . . £ ....

La carta de crédito en nuestro poder, valedera hasta el 30 del corriente, es de £ 100.00 (cien libras esterlinas). Mientras tanto, hemos telegrafiado a nuestra consociada para que nos abriese un crédito adicional de £ 5.00 mas nos ha contestado negativamente.

Por lo tanto, para los gastos de transporte y seguro desde G............... hasta Z. disponemos solo de £ 6.50. El transporte hay que calcularlo sobre la base de £ 7.50 por tonelada o metro cúbico, y el seguro (riesgo de rotura comprendido) sobre la base de 4,25%.

Por consiguiente, nos vemos obligados a proponerles de asumir Vds todos estos gastos, cualesquiera que los mismos puedan ser, per la cantidad global no aumentable de £ 6.50.

No dudamos que Vds tendrán en cuenta la importancia de este pedido dc prueba al cual, sin duda alguna, seguirán otros de mayor cuantía; por lo que confiamos no dejarán de ejecutarlo aceptando nuestra propuesta sin más.

Quedamos pendientes de su confirmación a vuelta de correo pues, dada la urgencia del asunto y de efectuar el embarque antes de fines de mes hay que aprovechar el tiempo, y anticipándoles las gracias por su solicitud, nos reiteramos de Vds attos y ss.ss.

X ....

XII-8 - Envío de mercancía con encargo de venderla

...............de...............de 19......

Sres.........................
Calle ....

....

Muy Sres nuestros;

En conformidad a nuestro intercambio de telegramas, en el s/s X...................., que zarpará de aquí para A .... el 21 crte, les hemos despachado una partida de 100 t métr. de cemento, marcas « P............ & C................. », que les rogamos se sirvan vender al mejor precio, por nuestra cuenta, remitiéndonos el producto neto.

Si Vds lograrán vender esta partida a nuestra satisfacción, con mucho gusto les enviaremos otras y de mayor importancia.

Adjunto encontrarán el conocimiento de embarque y el certificado de seguro, cuyos importes hemos abonado nosotros.

Confiamos que esta partida llegue a sus manos en buenas condiciones y, pendientes de sus gratas noticias sobre el particular, quedamos de Vds attos y ss.ss.

....

XII-9 - Remesa del producto de la venta

...............de...............de 19......

Sres ....
Calle ....

....

Muy Sres míos;

Con referencia a su estimada del............ ppdo, me complazco comunicarles que la partida de cemento embarcada en el S/S X......................., ha llegado regularmente y la he vendido en conformidad con sus instrucciones.

Por la cuenta que les adjunto, podrán comprobar que he sido bastante afortunado pues he conseguido Lit..................... por quintal, en más de cuanto hubiera sido posible obtener hoy en este mercado.

Por el producto neto de:

Lit. .... (... liras) les incluyo un giro................................... del Banco de W................ de Génova, sobre el Y.................... Bank de Londres.

Pendiente de su acuse de recibo, me repito a sus siempre gratas órdenes de Vd, atto y s.s.

....

XII-10 - Pedido

................de................de 19......

Pedido para

Sección 52   Sr. Y

Pedido nº 1   ....

D e s c r i p c i ó n

....

....

X.... aparatos radio receptores 483 de 3 válv. £........
X.... aparatos radio receptores 79 de 5 válv. £........
X.... aparatos radio receptores 91 de 7 válv. £........

————————

Total . . . . . £........

Entrega: inmediata, al recibo del pedido.

Pago: Letra a la vista contra conocimientos de embarque.

Embalaje: Comprendido.

X.............................

XII-11 - Pedido

...............de................de 19......

Sres............................
Calle ....

....

Pedido N. 42/97/MAL/2

Muy Sres nuestros;

Tenemos el gusto de pasarles el siguiente pedido:

...........nº 483 de 3 transistores a £............ £............
...........nº 79 de 5 transistores a £............ £............
...........nº 91 de 7 transistores a £............ £...........

Total . . . . . £............

Entrega: lo más pronto posible.

Condiciones de venta: mercadería FOB Génova

Embalaje: incluído.

Pago: contra apertura de crédito.

....

XII-12 - Pedido

...............de...............de 19......

Sres...........................
Calle ....

....

Nuestro pedido N. 42/97/MAL/2

Muy Sres nuestros;

Nos referimos a n/ carta del 13 crte para comunicarles que, en este momento, recibimos carta de n/ coasociada de Z. en la que nos participa haber decidido la importación de seis aparatos de prueba para poder, con ellos como muestra, examinar las posibilidades para el desarrollo del trabajo con Vds.

Por nuestra parte, tenemos el gusto de adjuntarles la nota de pedido nº 42/97/MAL/2 para dos ejemplares de cada uno de sus aparatos nos 583, 79 y 91 por un total de Lg ....

Les agradeceremos preparen la mercancía con la mayor brevedad posible, teniendo en cuenta que n/ casa de Z. ya nos ha anunciado de haber efectuado la apertura de crédito en un Banco de M........ .... Dicha apertura ha sido hecha a nuestro favor en vez que a favor de Vds pero, para el futuro, daremos disposiciones precisas a nuestra casa sobre el particular. Será conveniente que Vds nos indiquen el Banco que prefieren para atenernos a sus deseos.

Antes de terminar la presente, deseamos llamar la atención de Vds sobre la importancia de nuestra organización en Oriente, y, especialmente, en el archipiélago de Malasia y las Indias, donde contamos con ramificaciones capaces de satisfacer en todos los particulares.

Una vez despachado el muestrario, objeto de nuestro pedido, dada la conocida calidad de sus aparatos, esperamos recibir en breve plazo otros pedidos de más cuantía que seguirán con regularidad.

Pendientes de su confirmación, quedamos de Vds attos y ss.ss.

X...............................

XII-13 - Confirmación de venta

...............de...............de 19......

Sres...........................

....

....

Muy Sres nuestros;

Hemos recibido su cable del.................... como asimismo la carta con fecha........................... de cuyo contenido hemos tomado nota.

Quedan convenidos por lo tanto:

5.000 hl de trigo, entrega a fines del mes próximo; a £............... el quintal fob Buenos Aires;

garantía de peso con abono del ½%, sobre el precio convenido, por cada kilo de menos;

pago sobre la cantidad reconocida en el conocimiento de embarque, con tolerancia del 2%, mediante letra e la vista sobre el Banco X de Génova con domicilio en el W. Bank de Londres.

Como de costumbre, les rogamos cuidar el despacho por n/ cuenta, fijando el flete más reducido posible para el envío del trigo en un vapor directo a Génova, desde ese puerto, cuya salida se efectúe a fines del corriente o, a más tardar, dentro de la primera década del próximo mes.

El seguro marítimo, lo cubriremos nosotros directamente con una Compañía de nuestra plaza.

Apenas embarcado el trigo, les rogamos nos telegrafíen el nombre del vapor.

Quedamos en espera de sus noticias sobre el particular

de Vds attos y ss.ss.

....

XII-14 - Despacho de mercancía

...............de...............de 19......

Sres .... y Cía

....

....

Muy Sres nuestros;

En conformidad con sus instrucciones y como confirmación de nuestro cable de hoy, les comunicamos que en esta misma fecha les hemos enviado con el s/s « .... » Capitán............... de la Soc. de Navegación..............., directo a Génova, ... q de trigo...

Les adjuntamos la factura original cuya copia, con el original del conocimiento de embarque, la hemos unido a la letra librada sobre el Banco X de Génova, por la suma de £.................... pagadera en el W. Bank de Londres.

Las instrucciones que Vds nos han dado han sido llevadas a cabo con diligencia y puntualidad, y estamos seguros de que no se hallarán diferencias ni sobre la partida, ni sobre la cantidad, ni sobre la garantía de peso convenida.

Siempre a sus gratas órdenes para todo lo que gusten mandar, les saludan con todo aprecio y consideración sus attos y ss.ss.

....

Anexa: n/ factura.

XII-15 - Envío de mercancías

...............de...............de 19......

Sres...............................
Calle   ....

....

Muy Sres nuestros;

Nos es grato participarles que en el s/s « General Belgrano », con pabellón argentino, hemos embarcado en esta fecha las mercaderías que nos pidieron con su atta del........................, según fact. y conocimiento de embarque que les adjuntamos.

Sírvanse acreditarnos su importe en c/c.

Sin otro particular, nos repetimos a sus siempre gratas órdenes

de Vds attos y ss.ss.

....

XII-16   Oferta de mercancías

.... 18 de Febrero de 19......

Sres ....

....

....

Muy Sres nuestros;

Estimándolos útiles para su industria, nos permitimos preguntarles si les interesan los productos siguientes que, en base a pedidos de los clientes, constituyen nuestra importación normal:

— aceite de pescado no descolorado (procedencia Mar Rojo)
— harina de pescado (misma procedencia)

En caso de que les interesen, podemos disponer que les manden muestras de los productos mientras, el precio, se lo podremos indicar a Vds a vuelta de correo.

Sírvanse tomar nota que, en caso de pedidos periódicos, podremos obtenerles precios ventajosos.

Pendientes de sus gratas noticias, aprovechamos la ocasión para saludarles quedando

de Vds attos y ss.ss.

....

XII-17 - Oferta de producto extranjero

.... 19 de febrero de 19......

Sr. Don ....

....

....

Muy Sr. nuestro;

Por cuenta de nuestra Representada sueca podemos suministrarle, para importación directa desde el origen, un óptimo tipo de Cod Liver Oil que tiene las siguientes características:

acidez	2% máximo
nº de yodo	150 mínimo
nº de saponificación	98 mínimo
impurezas	1/2% máximo
vitamina A	500/700 unidades internacionales por gr
vitamina D	50/100 unidades internacionales por gr

El precio de este producto, para pedidos de cierta cantidad, es de:

— .... Coronas suecas por kg

— FOB en un puerto sueco

— embalaje en toneles, gratis

— pago mediante apertura de crédito confirmado e irrevocable.

Quedamos a su disposición para cualquier aclaración ulterior que pueda necesitar al respecto.

Con la confianza que nuestra oferta pueda interesarle, quedamos pendientes de sus gratas órdenes

de Vd attos y ss.ss.

....

XII-18 - Oferta de mercancías

.... 15 de Febrero de 19......

Sres ....

....

....

Ref. 17 B-COI-M/S TORTAS DE CACAHUETES
de India.

Muy Sres nuestros;

Estimando que les interesa el producto de referencia, plácenos informar a Vds que podemos suministrarles, sin compromiso y salvo confirmación de la India:

5.000 toneladas de tortas de cacahuetes (Groundnut Oilcakes) - de origen India - envasadas en sacos de yute de 160 lb - peso bruto por neto - a .... Lg por t de 1016 kg cif Génova. Embarque en el país de origen.

Dichas tortas contienen:

— Albuminoides (NX 6,25) 51,88%

— Nitrógeno   8,30%

— Aceite   6,78%

— **Fibras**　　　　　　　　　4,58%

— **Arena** y Sílice　　　　　1,37%

También ofrecemos tortas de cacahuetes conteniendo:

— Proteínas　　　　　　　44,46%

— Aceite, menos del　　　1　%

— Sílice, menos del　　　　3　%

Envasadas como arriba indicado, al precio de .... Lg por t de 1016 kg cif Génova.

Quedamos a disposición de Vds para cualquier esclarecimiento que puedan necesitar y, en espera de sus gratas noticias les saludamos atentamente suyos ss.ss.

....

XII-19 - Oferta de importación

.... 14 de Febrero de 19......

Sres ....

....

....

Oferta Nº C/908304

Muy Sres míos;

De parte de mi representado Dr. K. Fritz, de .... (................) tengo el gusto de ofrecerles: CITRATO DE LITIO *crist. Erg; B.6.*

— Precio: .... DM (............ Lit) por kg neto.

— Entrega: fco frontera italiana Chiasso-tránsito.

— Embalaje: gratis, en barriles de 50 kg con forro interior de politeno.

— Despacho: inmediato.

— Pago: como de costumbre.

— Derechos de aduana actuales: 28%.

En espera de sus gratas noticias sobre el particular, quedo

de Vds atto y s.s.

....

XII-20 - Oferta de importación

.... 20 de Febrero de 19......

Sres ....

....

....

Muy Sres nuestros;

Sujeta a pronta aceptación por parte de Vds, tenemos el gusto de someterles la siguiente oferta:

100 t métricas de LECHE DESNATADA EN POLVO preparada con 2% de almidón

— precio: DM .... franco Chiasso

— embalaje: en sacos de papel

— despacho: abril

— pago: contra conocimientos de embarque

En la confianza de que nuestra oferta les interese, quedamos en la espera de su grato pedido saludándoles atentamente

suyos ss.ss.

....

XII-21 - Exportación de retales de papel

.... 15 de Febrero de 19......

Sres ....
....
....

Muy Sres míos;

Les escribo por indicación de la estimada firma V.I.S.M. de Milán que me ha facilitado la dirección de Vds.

Yo exporto retales de papel en fardos de 80 y de 90 kilos. El contenido de dichos fardos es el siguiente:

— papel de escribir fino y ordinario
— papel de imprenta fino y ordinario
— cartones - papel de añafea y de estraza

De momento estos retales los exporto a Londres, donde los pagan .... Lg por 1.000 kilos cif Londres.

Caso que les interesen mis retales de papel, como arriba indicado, sírvanse comunicármelo para cotizarles precio cif Génova.

En espera de su contestación al respecto, quedo

de Vds atto y s.s.

....

XII-22 - Oferta producto extranjero

.... 18 de Febrero de 19......

Sres ....

....

....

Muy Sres míos;

Me refiero a la visita del doctor Colgi y, al darles las gracias por la buena acogida que le han dispensado, tengo el gusto de transmitirles, sin compromiso, la siguiente oferta para el suministro de: 15 t. métricas SULFATO DE MAGNESIO TEC en cristales y en polvos.

— original Salzdetfurth A.G.

— al precio de .... liras el kilo

— impuesto de venta X% comprendido

— sello fiscal 2% a cargo de Vds

— embalaje: comprendido, en sacos de yute de 50 kilos cada uno, peso bruto por neto

— entrega: franco frontera Pino/Luino, aduanado

— despacho: inmediato salvo imprevistos.

— pago: al contado, después de recibido el aviso de despacho y copia de mi factura de reventa.

Por correo separado les remito 2 muestras del producto en cuestión.

La cotización arriba indicada ha sido calculada en base a los cambios actuales de divisas, de los vigentes aranceles de aduanas y de los fletes ferroviarios italianos y extranjeros.

Confío que, teniendo en cuenta las condiciones de la presente oferta, no dejarán de honrarme con su preferencia.

En espera de sus gratas noticias, les saludo atentamente quedando a sus órdenes, de Vds s.s.

....

XII-23 - Oferta

.... 5 de Febrero de 19......

Sr. Don ....

....

....

Muy Sr. nuestro;

Nos referimos a nuestra correspondencia anterior y nos permitimos ofrecerle, sin compromiso y salvo venta:

— 398 kilos Trocas Macassar I
— 326 kilos Trocas Macassar II
— 329 kilos Trocas Macassar III

al precio de .... florines holandeses los 100 kilos, cif Génova. Pesos netos de embarque. Pago a la vista contra conocimientos de embarque. Mercancía despachada en el vapor cuya llegada a Génova se espera para el 15 del crte.

Para su buen gobierno le comunicamos que, el lote, está compuesto de:

I – Mercancía sana en las medidas desde 3, 1/4 pulgadas arriba;

II – mercancía ligeramente defectuosa, medidas desde 1, 3/4 pulgadas arriba;

III – mercancía sana, medidas de 1, 3/4 a 3 1/4 pulgadas.

Además, si puede interesarle, tenemos también una partida de Singapur/MACASSAR Trocas « A » de segunda calidad, en las medidas de 2, 1/4 a 5 pulgadas, envasadas mixtas, para embarque en marzo en Singapur, al precio de .... Lg por t métrica cif Génova.

Pendientes de sus noticias sobre el particular, quedamos

de Vd attos y ss.ss.

....

XII-24 - Oferta

.... 4 de Febrero de 19......

Sres ....

....

....

Muy Sres míos;

Les ruego tengan a bien comunicarme si les interesa la compra de partidas de pescado salado y prensado en toneles, adapto para la transformación en harina de pescado y para la preparación de cebos y piensos ictiológicos.

En caso de que Vds no tengan necesidad del producto, les quedaré sumamente agradecido si tuvieran la amabilidad de indicarme nombre y dirección de otras Firmas a las cuales pueda interesarles.

En espera de recibir sus gratas noticias sobre el particular, reiterándoles las gracias les saluda atentamente s.s.

....

XII-25 - Oferta producto extranjero

.... 20 de Abril de 19......

Sr. Don ....

....

....

Muy Señor mío;

Por cuenta de mi mandante de Lisboa transmito la siguiente oferta telegráfica, sujeta a pedido confirmado:

Aceite de Cachalote Azores, máx 2%, ffa, máx 1% impurezas y agua, al precio de .... $ la t métrica FOB Génova, despacho pronto, cilindros de segunda mano gratis, pago mediante apertura de crédito en Lisboa.

Quedo en espera de sus gratas órdenes y le saludo atentamente suyo s.s.

....

XII-26 - Entrega al banco

...............de...............de 19......

Sr. Director del Banco X

....

....

Muy Sr. nuestro;

Le confirmamos que hoy hemos entregado a las oficinas de ese Banco la cantidad de:
Lit .... (....................................liras) para que las abonen en la forma siguiente:

Lit............................ en n/ cta;

Lit............................ a la sucursal de ese Banco

en Génova para que las tenga a disposición, por nuestra cuenta, de la Soc. Transportes Alfa.

Pendientes de su conformidad, le saludan atentamente sus ss.ss.

....

XII-27 - Entrega al banco

...............de...............de 19......

Al Banco X ....

....

....

Muy Sres nuestros;

Contestamos a su atta del............... para confirmarles que hoy hemos entregado a las oficinas de ese Banco la cantidad de:

Lit............................ (...liras),
equivalente de Lg............... al cambio del día, de
Lit..........................., como importe aproximado para
cubrir la letra de Buenos Aires.

En conformidad con nuestros acuerdos precedentes, les rogamos se sirvan entregarnos los conocimientos de embarque que acompañan a dicha
letra, para efectuar las operaciones de descarga y
retirado de la mercancía.

En espera de su grata contestación al respecto,
nos repetimos

de Vds attos y ss.ss.

....

XII-28 - Utilización de un crédito

...............de...............de 19......

Banco M. S. ....

....

....

Ref. Apertura de crédito 3277/3195 Lg. 98.50;
1 caja de cubiertos peso bruto 235 kilos para
X. W. Nuestro nº 16/52/In/12.

Muy Sres nuestros;

Con referencia a la apertura de crédito arriba
indicada, tenemos el gusto de unir a la presente
los siguientes documentos:

a) nuestra 1ª y 2ª de cambio;

b) factura.................... por duplicado:

c) n/factura nº 98 del 31/3/19.... por duplicado;

d) conocimientos de embarque.

Anticipándoles las gracias, se reiteran

de Vds attos y ss.ss.

....

P.D. - El susodicho crédito, ha caducado el
10 del crte, pero hemos telegrafiado a n/ cliente
de Londres rogándole autorice a Vds telegráfi-
camente a pagárnoslo. Por lo tanto, les rogamos
que esperen dicho telegrama antes de remitir los
documentos a Londres.

XII-29 - Utilización de un crédito

..............de...............de 19......

Banco X ....

....

....

Muy Sres nuestros;

Sirve la presente para participarles que hoy
hemos recibido un cable de Buenos Aires en el
que la firma..........................., nos informa que en
fecha..............................., ha librado una letra a la
vista a cargo de Vds domiciliada en el W. Bank de
Londres, por valor de £................ importe de........
q de trigo........................... que nos ha vendido y
que ha sido cargado en el s/s.................... directo a
Génova.

Al mismo tiempo les confirmamos que esperamos aviso de Vds para entregarles la suma correspondiente al valor de dicha letra.

Mientras tanto, quedamos como siempre attos
y ss.ss.

....

XII-30 - Utilización de un crédito

...............de...............de 19......

Sres .... y Cía

....

....

Muy Sres nuestros;

Sirve la presente para comunicarles que hoy
nos ha sido presentada para su aceptación la letra
a la vista de £.................... librada a nuestro cargo
por la firma........................ de Buenos Aires, referente a la partida de trigo despachada en el
s/s...

Les rogamos, por lo tanto, tengan a bien proceder a la entrega de dicho valor al cambio del
día, salvo liquidar eventualmente la diferencia de
cambio a operación ultimada.

A su debido tiempo, enviaremos a Vds la
cuenta de la operación y de nuestros gastos, más
n/ comisión por el pago de la letra al W. Bank
de Londres.

Sin otro particular, quedamos de Vds attos y
ss.ss.

Banco ....

XII-31 - Autorización para domiciliar una letra

...............de...............de 19......

Sres .... y Cía

....

....

Muy Sres nuestros;

En contestación a su atta del...................., nos es grato comunicarles que está bien cuanto en ella nos participan, y que les entregaremos gustosos el conocimiento de embarque y demás documentos relativos a la partida de trigo.................... que les despachará la firma....................... de Buenos Aires, apenas Vds nos efectúen el pago de la suma correspondiente al valor de las Libras esterlinas de la letra que librará a n/ cargo, por c/ de Vds, la mencionada casa.

Esperamos que Vds nos comuniquen la fecha de emisión y el montante exacto de la letra en cuestión.

Mientras tanto, quedamos de Vds attos y ss.ss.

Banco ....

XII-32 - Envío de una carta de crédito

...............de...............de 19......

Sres............................
Calle ....

....

N/ ref. nº 34033
L/C/N. 89/13 £ 100.00 a favor de Vds.

Muy Sres nuestros;

Tenemos el placer de adjuntarles la carta de crédito de referencia, que les remite The Chartered Bank of India Australia & China, por conducto de nuestra representación en Londres.

Como notarán Vds el crédito ha sido abierto en dicho Banco y, por consiguiente, la presente comunicación no ocasiona ningún compromiso por nuestra parte.

Sin embargo, estamos a disposición de Vds para negociar la letra que emitirán, a valer sobre el crédito en cuestión, acompañada de los documentos prescritos.

La eventual negociación, salvo buen fin, la efectuaremos a todos los efectos.

Sírvanse tomar nota que, al presentarnos los documentos para la utilización del crédito, deberán devolvernos la carta de crédito que les adjuntamos para llevar a cabo los asientos del caso.

Sin otro paticular, somos de Vds attos y ss.ss.

Banco Y. - Sucursal de...............

Anexa: 1 carta de crédito.

XII-33 - Acuse de recibo de una carta de crédito

...............de...............de 19......

Sres ....

....

....

N/ ref. N. 23454, crédito N. 1327 de £ 720.50 a favor de Vds, del W. Y. Bank de Londres.

Muy Sres nuestros;

A confirmación de nuestra comunicación telefónica de hoy, les significamos que hemos recibido del Banco arriba indicado la carta cuya copia tenemos el gusto de adjuntarles.

Sírvanse tomar nota que les hemos abierto un crédito a su favor e irrevocable, por la cantidad indicada, para utilizar en los términos y condiciones establecidas en dicha carta.

Queda entendido que les pagaremos los documentos que nos presenten en utilización de dicho crédito, si están en regla según las disposiciones vigentes en materia de moneda extranjera en el día en que se lleve a efecto la operación. Al presentarnos los documentos, tengan a bien indicarnos los datos de la licencia de exportación.

Sin otro particular, quedamos de Vds attos y ss.ss.

Banco M................ S................

1 copia adjunta.

XII-34 - Carta de crédito

...............de...............de 19......

Sres...............................
Calle ....

....

Ref. N. 42/97/MAL/2

Muy Sres nuestros;

Nos referimos a n/ carta del 15 crte para comunicarles que n/ casa de Z. nos participa el envío
de la carta de crédito nº 89/13 a nuestro favor.

Nos reservamos informar a Vds apenas llegue
dicha carta a poder de nuestro Banco.

Mientras tanto, les indicamos que el permiso
de importación para los seis aparatos radio-receptores lleva el nº AP. B/14/113.

Sin otro particular, les saludan sus attos y ss.ss.

....

**XII-35 - Envío de factura provisional y demanda de pago
de la misma**

...............de...............de 19......

...................Soc. a R. L.
Plaza ....

....

Muy Sres nuestros;

Acusamos recibo de su atta del.................... a la
que correspondemos.

Adjunta a la presente les remitimos la factura provisional N............... por valor de Fcs.................... referente a su pedido.

Según los acuerdos comerciales franco-italianos, les rogamos se sirvan abonar a su Banco el valor de dicha factura y remitirnos el recibo correspondiente. Una vez esté en n/ poder, procederemos al envío de las obras que nos han pedido.

Esperando sus noticias, les saludan atentamente sus ss.ss.

....

XII-36 - Solicitatión de pago

...............de...............de 19......

Sr. Don ....
Calle ....

....

Muy Sr. nuestro;

La presente tiene por objeto comunicarle que en el cierre de cuentas al 31 de Diciembre, la suya arroja un saldo a n/ favor de Fcs ...., suma que le rogamos se sirva remitirnos con la mayor brevedad posible.

Con el objeto de que Vd pueda reembolsarnos los gastos de transporte del mes de Noviembre, le remitimos adjunta la factura de los mismos.

Los gravámenes que tenemos y la obligación de pagar nuestras compras al contado no nos permiten dejar sumas en descubierto pues, como Vd comprenderá, ello comprometería el equilibrio de n/ caja.

Circunstancia por la cual le rogamos tenga a bien saldar nuestras cuentas a su recepción. Nosotros no hacemos más que atenernos a una orden del Centro de contratación de la moneda que nos recuerda la obligación de ingresar los fondos referentes a nuestras exportaciones, en aplicación del principio que el plazo no debe exceder nunca de un mes.

No dudamos que Vd comprenderá prefectamente los motivos que originan n/ petición y que, por lo tanto, hará todo lo necesario para remitirnos el saldo a n/ favor dentro del término marcado.

En tal confianza, le saludan atentamente sus ss.ss.

....

XII-37 - Recibo de pago y envío de mercancía

...............de...............de 19......

Sr ....
Carrera ....

....

Muy Sr. nuestro;

Hemos recibido el aviso del pago de Fcs...........
que Vd ha efectuado y por el cual le damos las gracias.

Procedemos a remitirle las obras que le habíamos guardado y damos curso al nuevo pedido que nos ha pasado.

Le rogamos tenga a bien saldar n/ facturas a

medida que las reciba, favor por el cual le anticipamos las gracias.

Sin otro particular, quedamos a sus órdenes
attos y ss.ss.

....

XII-38 - Recibo de pago y envío de mercancía

.................de.................de 19......

Librería ....
Calle ....

....

Muy Sres nuestros;

En respuesta a su atta fecha............ de............
ppdo, nos complace comunicarles que hemos recibido la liquidación de los años 19....-19.... de la
REVISTA DE LA TUBERCULOSIS, según n/ factura
nº................

El................ del corriente, les hemos mandado
los dos tomos que nos habían pedido y que, verosímilmente, se han cruzado con su reclamación.
Confiamos que obren ya en su poder.

Sin otro particular, quedamos de Vds attos
y ss.ss.

....

XII-39 - Oferta de producto extranjero

.................., 3-7-19......

Sres ....

....

....

Muy Sres nuestros;

Les rogamos se sirvan tomar nota que somos Agentes de una de las mayores casas noruegas productoras de:

ACEITE DE HÌGADO DE BACALAO para uso humano y veterinario.

Actualmente, nuestra representada, tiene disponible el ACEITE PARA USO VETERINARIO con las siguientes caracteristicas:

— Acidez máxima 2%.

— Color pajizo claro.

— Contenido mínimo 1000/100 U.I. de Vitamina A/D3 por gramo.

— Producto filtrado.

— Al precio de .... Coronas noruegas por kg.

Mercancía CIF Génova o Savona, envase, en latas usadas en buen estado, gratis; tara de origen. Cantidad mínima a embarcar: 5/10 t métricas. Pago contra conocimientos de embarque, con letra a la vista.

Confiando que acojan favorablemente nuestra oferta, quedamos en la espera de sus gratos pedidos y, dándoles las gracias de antemano, quedamos de Vds attos y ss.ss.

....

XII-40 - Oferta de producto extranjero

.... 15 febrero de 19......

Sres ....

....

....

Muy Sres nuestros;

Nuestra representada de Chipre nos telegrafía la siguiente oferta:

— 300 t semillas Arveja Chipre para siembra, pureza 97%, germinación 96°/$_{00}$ fumigadas con Bromuro de Metilo, envasadas en fuertes sacos de yute usados, a:

$........ cif Génova, o

$........ franco muelle en Venecia/Bari, por 1.000 kg, peso bruto por neto. Embarque en Marzo. Pago con apertura de crédito confirmado irrevocable.

La Casa facilitará un certificado sanitario testificante que, las semillas de Arveja, están exentas de « Corynebacterium Flaccum Faciens ».

En la esperanza de vernos favorecidos con sus pedidos, les saludamos atentamente quedando.

de Vds ss.ss.

....

XII-41 - Oferta de levadura para piensos forrajeros

,........................ 19......

Sres ....

....

....

Muy Sres nuestros;

No es grato ofrecerles las existencias que tenemos de:

LEVADURA PARA PIENSOS FORRAJEROS francesa, seca con 48% de proteínas, humedad 10%, al precio neto de:

— Fcs .... el kilo, franco frontera a Modane;

— existencias: 6 vagones de 15 t métricas y 8 vagones de 20 t métricas cada uno, por un total de 250 t métricas;

— despacho pronto o con dilación;

— pago a la presentación de los documentos de transporte.

Es obvio decirles que, por la cantidad total, o cantidades importantes, podremos someter una contrapropuesta en firme.

Se trata de un producto en escamas de color gris claro, del que tenemos una muestra a disposición de Vds.

Quedamos en espera de sus gratos pedidos, mientras les saludamos muy atentamente de Vds ss.ss.

....

XII-42 - Oferta de primera materia

.... 26 de Abril de 19......

Sres ....

....

....

Muy Sres nuestros;

Tenemos el gusto de informarles que, en el vapor « Manuel Belgrano » que llegará a Genova hacia primeros de mayo, tenemos viajando una nueva partida de:

Harina de carne Argentina original, proteínas 50/55$^0/_{00}$.

Para pedidos que se puedan entregar directamente desde el desembarque del vapor, podemos conceder un precio verdaderamente especial por mercancía extranjera vendida antes de ser aduanada, con condición de nacionalizada, sellos fiscales incluídos.

A petición de Vds, con la indicación de la cantidad que necesitan, les someteremos en seguida la relativa oferta.

Estamos también en condiciones de suministrarles Gluten de maíz original U.S.A., proteínas 40/45% que se espera llegue al puerto de Savona en el próximo mes de mayo.

Quedamos pendientes de sus gratas noticias sobre el particular, saludándoles atentamente suyos ss.ss.

El Director

....

XIII

SEGUROS Y TRANSPORTES

DECIMOTERCERA SERIE

XIII-1 - Póliza de seguros para mercancías de exportación

.... 18 de Febrero de 19......

Sres ....

....

....

Muy Sres nuestros;

Nuestra casa efectúa un discreto trabajo de exportación de sus propios productos. Se trata de productos alimenticios, confeccionados en botes de lata y también de vidrio, embalados en cajas.

Desearíamos estudiar con Vds la posibilidad de estipular una póliza de seguros, válida para cubrir los varios despachos que oportunamente les notificaremos. Por lo tanto, les rogamos se sirvan someternos un proyecto con respecto a la forma más conveniente.

Generalmente efectuamos nuestros despachos a:

— todos los puertos del Mediterráneo
— puertos del Mar Rojo, Aden, Asmara, Kartoum
— puertos de la India, Pakistán, Ceylón, Irán e Iraq, sea vía Golfo Pérsico como via Beirut.

— Nueva York, San Francisco, Quebec, Montreal, Vancouver

— todos los países de Centro y Suramérica (también a destinaciones interiores, como Bogotá y Caracas)

— Argentina y Brasil

— Perú, Chile y Bolivia.

También efectuamos un buen trabajo con Inglaterra con despachos vía Europa y Canal de la Mancha, pero nuestros clientes ingleses prefieren asegurarlos con Compañías de su país. Si Vds pueden facilitarnos una prima conveniente, intentaremos convencer a dichos clientes y persuadirlos a darles a Vds la preferencia.

El seguro deberá cubrir todos los riesgos incluso los de rotura y coladura, sin franquicia. Quisiéramos incluir también los riesgos de mal arrumaje, calor de la bodega e hinchazón de las cajas. El seguro deberá empezar en nuestro esblecimiento y terminar con la entrega de las mercancías en los almacenes de nuestros compradores.

Quedamos en espera de sus comunicaciones y aprovechamos la ocasión para saludarles y suscribirnos

de Vds attos y ss.ss.

....

XIII-2 - Orden de seguro

Póliza general nº ....

Muy Sres nuestros;

Tengan a bien asegurar, por cuenta nuestra, las mercancías siguientes despachadas el día 10 de febrero de 19........:

— Marcas: S/L
— Número de bultos: 5 cajas
— Peso: 1.300 kilos
— Vapor: Simone Boccanegra
— Viaje: desde el Pireo a Venecia.
— Valores asegurados: ....
— Prima: ....

Génova, 10 febrero de 19........

La Firma asegurada
S.I.V.A.R.O.

XIII-3 - Envío de una póliza

.... 12 de Febrero de 19......

Sres ....
Calle ....
....

Ref. Póliza nº 3159

Muy Sres nuestros;

Habiendo dado curso a su órden de seguro, de fecha 10 del crte mes, plácenos remitirles adjunta la póliza de referencia en dos ejemplares más una copia para uso de Vds, rogándoles tengan a bien remitirnos la suma de .... liras, importe de la prima.

Dándoles las gracias por la preferencia con que nos honran, aprovechamos la ocasión para saludarles atentamente

suyos ss.ss.

....

Anexos: Póliza en 2 ejemplares y una copia.

XIII-4 - Envío de una póliza

.... 19 de Febrero de 19......

Sres ....
....

....

Muy Sres nuestros;

En ejecución de su órden de seguro del 10 febrero de 19...., tenemos el gusto de remitirles adjunta la póliza en dos ejemplares, más una copia para uso de Vds.

El importe de la prima es de 352.790 liras (trescientas cincuenta y dos mil, setecientas noventa liras), cantidad que les rogamos tengan a bien entregar al Banco de Roma en Milán para que nos la acredite en nuestra c/c/.

Dándoles las gracias por la preferencia con que nos distinguen, quedamos

de Vds attos y ss.ss.

....

XIII-5 - Certificado de seguro

Ramo de Transportes

Certificamos que con Póliza nº 10052, aplicación nº 1 en fecha 9-6-19...., hemos asegurado a la S.I.V.A.M. las mercancías descritas a continuación, para el viaje desde el almacén de Milán al almacén de Mogadiscio, transporte por conducto de s/s « Pomerol » que zarpó de Génova el 2-7-19....; por la suma total de 3.200.000 liras:

60 cajas, números 1460/1519, de: bolas de sal integrantes, para cebos y piensos

 1 caja, nº 1604, de: bolas de sal integrantes, para cebos y piensos

96 sacos, números 1520/1579, de: sales minerales

24 barriles, números 1600/1623, de: sales minerales.

Peso bruto de todos los bultos, en conjunto 9.600 kilos.

Condiciones del seguro: la garantía de almacén a almacén, se da según las condiciones de la Póliza Italiana Seguros Marítimos de Mercancías, edición 1933, comprendida la avería particular, mojadura de agua pluvial, desgarros por ganchos y manchas de aceite, robo total y parcial, menoscabo, falta de entrega, dispersión; cuyos daños eventuales se resarcirán sin deducción de franquicia por la mercadería en cajas, y con la franquicia fija de 3 %, bulto por bulto, para la mercancía en sacos o en barriles.

También están incluídos los riesgos de guerra, minas, huelgas, etc., según el Institute War and Strikes Clauses.

En caso de daño resarcible, pídase la intervención del Comisario de avería Gellatly, Hankey & Co. Ltd en Mogadiscio.

..............., junio de 19........

Compañia de Seguros...............
Ramo de Transportes

XIII-6 - Certificado de seguro

La infrascrita certifica haber asegurado con póliza nº 32751, aplicación nº 7 de fecha 9-6-19...., para el viaje por ferrocarril desde Milán a Bari, las siguientes mercaderías:

— P/N Nº 22/43   22 cajas de sales minerales
— P/N Nº 11/19   9 bultos de sales minerales
— P/N Nº 131/147 17 barriles de aceite de bacalao

Cantidad asegurada en conjunto: 5.700.000 liras.

Condiciones de seguro: El seguro se entiende hecho a las condiciones de la Póliza Italiana para despachos por ferrocarril y comprende: mojadura, robo total y parcial, menoscabo, falta de entrega, extravío.

En caso de daño resarcible, solicítese la intervención de nuestro Agente General de Bari.

El presente certificado se extiende en dos ejemplares para un único efecto.

..............., 9 junio de 19........

Seguros ....

XIII-7 - Denuncia de daño

.... 11 de Abril de 19......

Sres ....

....

....

Muy Sres nuestros;

Ponemos en su conocimiento que ayer, 10 de abril, a causa de un corto circuito, se ha originado un pequeño incendio en nuestra librería.

Hemos podido dominarlo casi inmediatamente, pero, una parte de los tomos y precisamente aquellos que se hallaban cercanos al fuego, se han quemado o echado a perder por el calor.

Les incluímos nota detallada del daño que hemos sufrido, cuyo total monta a la cantidad de .... Liras.

Habiendo nosotros concertado con Vds la póliza de seguros contra incendios nº 42.158, les rogamos se sirvan pasar por esta su casa para comprobar la cantidad del daño.

En tal espera saludándoles atentamente, quedamos suyos ss.ss.

....

Adjunta: una nota.

XIII-8 - Oferta de transporte

.... 12 de Febrero de 19......

Sres ....
....

....

Muy Sres nuestros;

Sabedores que Vds efectuan retiros de sosa, de Rosignano Solvay, nos permitimos ofrecerles nuestra organización para el transporte de la misma con autotrenes, desde Rosignano a su establecimiento de Cernusco sul Naviglio.

El precio de transporte que podemos hacerles actualmente es de .... liras por q métrico.

El servicio lo hacemos con todo esmero y puntualidad como podrán comprobar si, como deseamos y esperamos, quisieran confiarnos una carga de prueba.

Aprovechamos la ocasión para saludarles atentamente y suscribirnos de Vds ss.ss.

El Administrador

....

XIII-9 - Oferta de transportes

.... 11 de Mayo de 19......

Sres ....
....

....

Muy Sres nuestros;

Refiriéndonos a la visita que, hace días, les hizo un funcionario nuestro respecto a sus importaciones de aceite de hígado de bacalao en toneles, cábenos el placer de asegurar a Vds nuestra mejor colaboración, en todos los campos, y la garantía absoluta de hacerles un perfecto servicio que les satisfacerá completamente.

Nos permitimos adjuntarles la tarifa de los precios que podemos concederles, que esperamos sean de su conveniencia.

Quedamos en espera de sus gratas órdenes

de Vds attos y ss.ss.

....

Anexa: tarifa de precios.

XIII-10 - Prospecto de tarifas

.... 11 de Mayo de 19......

Sres ....

....

....

Muy Sres nuestros;

Correspondiendo a su demanda, nos complace someterles nuestros precios de transporte para la mercancía siguiente:

— aceite de hígado de bacalao en envases de hierro, en partidas no inferiores a 25 t métricas por vez. Despacho por conducto de camiones. Franco camión en salida;

— con recogida directa del barco Lit .... por q métrico;

— con recogida del almacén de Vds en Génova Lit .... por q métrico;

— transporte Génova/Codogno Lit .... por q métrico.

Gastos extra: estancia y guarda eventuales, pesada, inspección aduanera, derechos arancelarios de importación y eventuales análisis.

Seguros, derechos de aduana, formalidades de frontera y de divisas, alquiler de cubiertas, paradas, etc. quedan siempre excluídos de nuestros precios y se cuentan separadamente, salvo cuando se nos indique incluirlos en las cotizaciones arriba indicadas.

Dichos precios, son valederos para su aplicación inmediata; están calculados sobre las tarifas actualmente en vigor y, por lo tanto, se entienden salvo modificaciones de dichas tarifas o variaciones en los cambios.

Los despachos de las mercancías que se nos confían, los asumimos en base a las condiciones generales establecidas por la Asociación de Agentes de Aduanas y Transportes indicadas al dorso.

Pendientes de sus gratos pedidos, les saludamos muy atentamente

de Uds ss. ss.

....

XIII-11 - Entrega de mercancías

.... 16 de Mayo de 19......

Sres ....

....

....

Muy Sres nuestros;

Adjunto a la presente les remitimos un volante para la retirada de las mercancías en él indicadas, que nos ha entregado la firma que lo suscribe, con la cual hemos estipulado un contrato de transporte de mercaderías.

Les rogamos se sirvan tomar nota que, además de los envíos directos a Bari y Pulla, tenemos un servicio regular de autotransportes desde Trieste y viceversa.

Confiando nos honrarán con su apoyo, les damos las gracias de antemano y quedamos

de Vds attos y ss.ss.

....

Anexo: un volante.

XIII-12 - Entrega de mercancías

.... 11 de Mayo de 19......

Sres ....

....

....

Muy Sres míos;

Les ruego se sirvan tomar nota que, en base a los acuerdos establecidos y, hasta nuevo aviso, todos los envíos dirigidos a mí deben de ser consignados exclusivamente a la casa de transportes DEUTSCH-MANN y Cía a la que he confiado el mandato de efectuar el despacho, por mi cuenta; y cuidará el transporte, con los medios más oportunos, hasta sus almacenes.

La presente la recibirán directamente por conducto de los Sres DEUTSCHMANN y Cía, a quienes he dado mi autorización para hacerlo.

Seguro de su atención, les doy las gracias saludándoles atentamente suyo s.s.

....

XIII-13 - Comunicación de embarque

.... 19 de Junio de 19......

Sr. ....

....

....

Muy Sr. mío;

Me refiero a su atta del 23 crte. para informarle que la motonave « Angela Garré », en la que serán embarcadas las 200 t métricas de sal gema en bloques de su pedido en curso, llegará a Porto Empedocle el 24 del mes crte, para dicho embarque.

Por lo tanto tenga a bien disponer, cuanto antes, el pago del impuesto al Monopolio, a fin de que, aquella Aduana, reciba la comunicación del pago efectuado para la fecha indicada.

En espera de su contestación al respecto quedo

de Vd atto y s.s.

....

XIII-14 - Despacho de mercaderías

.... 16 de Febrero de 19......

Sres ....

....

....

Muy Sres nuestros;

Tenemos el gusto de comunicarles que, en esta fecha, hemos despachado a la dirección de Vds el vagón nº 7298737 conteniente:

— 90 toneles de 320 litros
— 50 toneles de 170 litros

Somos de Vds attos y ss.ss.

....

XIII-15 - Envío de mercancías al agente de transportes

.... 3 de Febrero de 19......

Sr. Don ....
Calle ....

....

Muy Sr. nuestro;

Adjunto le remitimos conocimiento de embarque y póliza de seguro inherentes a las siguientes mercancías despachadas a su nombre en el s/s Garibaldi de la Navegación Nacional Italia.

M. C. X barriles de aceite de oliva B. peso bruto 467 kilos, neto 398, que le rogamos se sirva retirar y hacer proseguir para Zara a la dirección de Don Antonio Calich, cargando al destinatario el porte y los gastos de Vd contra reembolso.

El valor de la mercancía es de Lit........................
(.......... .... liras).

Sin otro particular, quedamos de Vd attos y ss.ss.

....

Anexos: 1 conocimiento de embarque
        1 póliza de seguro.

Certificada.

XIII-16 - Envío de mercancías al agente de aduanas y transportes

...............de...............de 19......

Sr. Don ....
Calle ....

....

Muy Sr. nuestro;

Tenemos el gusto de remitirle el conocimiento de embarque relativo a:

R.Z.

500 sacos de café Santos, marcas 1/500

Génova

embarcados en el vapor « Veloce » con destinación a ese puerto. A la llegada, se servirá entregar al Sr....................... de esa, FOB Génova en tránsito, contra nuestra órden de entrega nº 194, los 300 sacos que llevan los números 1/300.

Los otros 200 sacos los guardará en su almacén a n/ disposición, enviándonos una muestra del café que contienen.

Le adjuntamos también la póliza de seguro y el certificado de origen.

Esperamos sus gratas nuevas sobre el particular y, mientras tanto, quedamos como siempre de Vd attos y ss.ss.

....

Anexos: 1 Conocimiento de embarque.
        1 Póliza de seguro.
        1 Certificado de origen.

Certificada.

XIII-17 - Envío de mercancías al agente de transportes

...............de...............de 19......

Sres ....

....

....

Muy Sres nuestros;

De sus almacenes de Milán recibirán:

1 caja de navajas marcada A.C.B.................... nº 4138, peso bruto 158 kilos (pedido de la casa X. G. M. & C. Londres nº 8234: N/ 85), que se servirán despachar, por n/ cuenta, en el primer vapor que salga para D............... G..............., según las disposiciones dadas por n/ cliente J.K.M. & C. de Londres a la casa X.G.M. de ésa, Carrera Mazzini 49, con la cual les rogamos se pongan al habla para tomar los acuerdos necesarios.

Mientras tanto adjuntamos a la presente:

Conformidad bancaria;

Dos copias de nuestra factura nº 73, de las cuales, una sellada, que tendrán a bien devolvernos provista del visado de salida de la Aduana;

Una copia de la factura de n/ abastecedor que deberán devolvernos como arriba hemos indicado.

La apertura de crédito prescribe que « la caja en cuestión deberá ser entregada al poseedor de los conocimientos de embarque según órden 0/4326. Seguro cubierto por el cliente ».

El flete marítimo no está cubierto.

Les rogamos enviarnos lo más pronto posible el resguardo de a bordo a fin de poder presentar los documentos al banco para cobrar el crédito.

En tal espera quedamos de Vds attos y ss.ss.

....

Anexos: documentos descritos.

XIII-18 - Oferta de un agente de transportes

...............de...............de 19......

Sr. Don ....

Calle ....

....

Ref. Envío de cemento para S..................................

Muy Sr. mío;

Con referencia a su atenta del........................ crte, me es grato someterle la siguiente oferta para el despacho arriba indicado:

para cargas de 5 toneladas Lit........ por q

para cargas de 10 toneladas Lit........ por q

por mercancía procedente de D.................., desde el vagón de G........................ hasta FOB S........................
Los gastos efectivos de correo, como los de escritorio y extensión de los conocimientos de embarque, se calculan por separado.

Confío que encontrará mi oferta conveniente y aprovechará mis servicios para sus despachos.

Anticipándole las gracias queda de Vd atto y s.s.

B................ E................

XIII-19 - Oferta de un agente de transportes

...............de...............de 19......

Sr. Don A........ M........
Calle ....

....

Ref. - Despacho de máquinas desde G .... a Z.

Muy Sr. nuestro;

Contestamos a su estimada fecha.................... del mes pasado.

Nos es grato participarle que podemos encargarnos de los despachos arriba indicados a las condiciones siguientes:

Retiro del ferrocarril y carga a bordo, incluyendo los derechos portuarios:

Vagones hasta 10 toneladas Lit............, mínimo Lit............... por vagón.

Vagones de más de 10 toneladas Lit..............., mínimo Lit................ por vagón.

Dichos precios no comprenden los eventuales derechos de estancia de la mercancía en el vagón en espera del embarque, que son, después de 48 horas de la llegada, de Lit.............. por vagón y por hora.

Flete marítimo desde Génova a C................... Lit..............................., en las que están incluídos los derechos de emisión de los conocimientos de embarque.

Seguro marítimo:

con exclusión de avería particular, robo comprendido, ...% de prima; a la que hay que añadir un........% por derechos oficiales, de registro timbres, etc.

Se cargan por separado los gastos de correo y escritorio y un derecho fijo de Lit.................... por despacho.

Confiamos que nuestras cotizaciones le induzcan a confiarnos sus despachos y, en espera de sus gratas noticias sobre al particular, quedamos de Vd attos y ss.ss.

G........ C........ S........

XIII-20 - Oferta de un agente de transportes

...............de...............de 19......

Sres ....

....

....

Ref. - Transporte de vinos finos, desde ....

Muy Sres míos;

En contestación a su demanda telegráfica, les ruego se sirvan tomar nota que puedo encargarme de los transportes de referencia, desde el almacén de mi corresponsal de................... hasta la estación de Milán, a los siguientes precios:

hasta   1000 kilos, Fcs........ por quintal

más de 1000   »   Fcs........   »   »

El transporte desde la estación hasta el domicilio del destinatario, incluyendo una estancia libre de 8 días en mi almacén, se calcula a parte del precio de Lit...................... por q, con un mínimo de Lit........................... por cada envío.

Quedo pues en la espera de su confirmación al respecto y me suscribo a sus gratas órdenes de Vds atto y s.s.

....

XIII-21 - Instrucciones para descarga de mercancías

.................de.................de 19......

Sres ....
....
....

Muy Sres nuestros;

Les rogamos se sirvan efectuar por n/ cuenta la descarga y retirada de:

.... q de trigo..........................., envío de la firma.................... de Buenos Aires, embarcados en el s/s......................., Capitán...................., que salió de aquel puerto el........................ del corriente con dirección a Génova, donde llegará dentro de algunos días; procediendo al pago del flete y relativa capa. Les rogamos procedan también al pago de los derechos arancelarios y a los gastos de descarga y envío a nosotros.

Para su buen gobierno les manifestamos que, la partida en cuestión, la hemos comprado a las siguientes condiciones:

pago de la cantidad declarada y reconocida al embarque, con 2% de tolerancia;

garantía de peso con abono del 1/2%, sobre el precio convenido, por cada kilo en menos;

precio convenido por mercancía fob Buenos Aires.

La nota de sus anticipos y de todos los gastos que efectuen Vds les será reembolsada por el Banco X, al cual hemos dado instrucciones para que la haga efectiva adeudándonos su importe en n/ cta cte.

Les recomendamos verifiquen con la máxima atención el peso total de la carga y el peso medio por q, que debe resultar de las diferentes y sucesivas pruebas las cuales, conforme a las normas vigentes en ese puerto, se llevarán a cabo durante las operaciones de descarga.

Confiamos que tomarán este asunto con el interés que su importancia requiere.

Les adjuntamos el conocimiento de embarque inherente a la partida en cuestión y, pendientes de sus gratas noticias sobre el particular, nos reiteramos como siempre de Vds attos y ss.ss.

....

Anexo: 1 conocimiento.

XIII-22 - Aceptación orden de descarga de mercancías

...............de...............de 19......

Sres .... y Cía

....

....

Muy Sres nuestros;

Hemos recibido su estimada del.................... de cuyo contenido quedamos impuestos.

Nos complace comunicarles que, como de costumbre, ejecutaremos escrupulosamente sus instrucciones sin omitir esfuerzos para cuidar sus intereses.

Dándoles las gracias por la confianza con que nos honran, quedamos

de Vds attos y ss.ss.

....

XIII-23 - Envío de documentos

...............de...............de 19......

Sres ....

....

....

Muy Sres nuestros;

Por cuenta y orden de los Sres X. G. M. & C°
de Londres, tenemos el gusto de remitirles adjunto:
1 resguardo de a bordo
relativo a la mercancía abajo indicada, despachada
para D............ G............ en el vapor « Europa » que
ha salido hoy de este puerto, a fin de que Vds
dispongan según las instrucciones indicadas.

Agradeceremos su acuse de recibo y, en tal
espera, somos.

de Vds attos y ss.ss.

....

Anexo: 1 resguardo.

XIII-24 - Autorización a domiciliar una letra

...............de...............de 19......

Banco X   ....

....

....

Muy Sres nuestros;

Tenemos el gusto de informarles que, con n/
cable de esta fecha, hemos autorizado a los Sres

.... de Buenos Aires, para
que giren sobre Vds una letra per la suma de:

£............, importe aproximado de una partida de trigo...................... de unos cinco mil q,
que les hemos comprado al precio de £...............
por q fob Buenos Aires, para embarque a fines
del corriente mes o en la primera década del próximo en un vapor directo a Génova.

Mientras nos reservamos comunicar a Vds la
fecha de emisión de la letra, les comunicamos desde
ahora que va acompañada de los siguientes documentos:

a) conocimiento de embarque,

b) duplicado de la factura,

c) ....,

d) ....,

e) declaración de que nosotros cubriremos el
seguro marítimo. La letra será domiciliada, como
de costumbre, en el W. Bank de Londres.

Queda convenido que, apenas reciban Vds la
letra para la aceptación, les pagaremos el valor
de la misma, y Vds nos entregarán inmediatamente el conocimiento de embarque y demás documentos, con el objeto de que podamos retirar la
partida de trigo a su llegada al puerto de destino.

Esperamos sus noticias sobre el particular y,
anticipándoles las gracias, nos reiteramos como
siempre de Vds attos y ss.ss.

....

XIII-25 - Despacho de mercancías

.... 28 de Febrero de 19......

Sres ....

....

....

Muy Sres míos;

Les confirmo haberles mandado, a su dirección de Corno Giovine, un telegrama del siguiente tenor: « Cien barriles aceite Noruega despachados camión Villani ».

En efecto, he mandado a la dirección susodicha la mercadería (100 barriles de aceite Noruega, peso 11.200 kilos), mientras el peso reconocido ha sido de 11.320 kilos.

Lo que les comunico para su buen gobierno y quedo

de Vds atto y s.s.

p.p..... ....

XIII-26 - Aduanar mercancías

.... 26 de Febrero de 19......

Sres ....

....

....

Ref. Vagón 7.307.727 - 15.000 kilos de cebos y piensos preparados para animales, envío de Alimentation Equilibree-Commentry.

Muy Sres nuestros;

Tenemos el gusto de comunicarles que hemos efectuado las operaciones de aduanar y de reexpedición de la mercadería, objeto de la presente, a la dirección de Vds en Codogno.

Siempre a su disposición para lo que gusten mandar, les saludamos atentamente suyos ss.ss.

....

XIV

CARTAS

Ajuste de cuentas

Solicitaciones

Prórrogas

Pagos

Intervenciones

Libramiento de letras

DECIMOCUARTA SERIE

XIV-1 - Envío extracto de cuenta

...............de...............de 19......

Sres................................
Calle ....

....

Muy Sres nuestros;

Habiendo hecho en estos días el inventario semestral, nos permitimos remitirles adjunto el extracto de su cta, cerrada al 31 de Diciembre ppdo, que arroja un saldo a n/ favor de Lit............

Les rogamos se sirvan verificarlo y comunicarnos si está conforme.

Confiamos que nos reservarán sus gratos pedidos para las compras de la próxima temporada y, siempre a sus gratas órdenes, nos reiteramos

de Vds attos y ss.ss.

....

Anexo: 1 extracto de cuenta.

XIV-2 - Solicitación de pago

...............de...............de 19......

Sr. Don ....

Calle ....

....

Muy Sr. nuestro;

En fecha 30 de Junio último, tuvimos el placer de remitirle el extracto de su cuenta. Según habrá comprobado, somos acreedores de Lit............ valor al contado.

En tiempos normales hubiéramos pasado en silencio su atraso, pasando el saldo a cuenta nueva, pero los pagos considerables que debemos efectuar el mes próximo no nos permiten quedar en descubierto por más tiempo. Confiamos, por consiguiente, que tendrá la amabilidad de enviarnos en breve su remesa a saldo.

En tal espera, le saludan atentamente sus ss.ss.

....

XIV-3 - Solicitación de pago

.... 30 de Junio de 19......

Sres ....

....

....

Muy Sres nuestros;

Ciertamente los compromisos de Uds y el trabajo, deben ser la causa que les ha hecho olvidarse de saldar nuestras facturas vencidas desde hace bastante tiempo.

Han transcurrido más de cuatro meses desde el vencimiento de nuestra última factura y, nuestra empresa, ha tenido que hacer frente igualmente a todos los gastos relativos a la producción.

Confiamos en la comprensión de Vds y quedamos en espera del pago que, no dudamos, Uds efectuarán a la mayor brevedad posible.

Anticipandoles las gracias, quedamos de Vds attos y ss.ss.

p...............................

XIV-4 - Solicitación de pago

.... 10 de Junio de 19......

Sres ....

....

....

Ref. Residuo n/ fact. 417/64 del 12-12-1964 de 372.000 liras.

Muy Sres nuestros;

Nos permitimos llamar su atención sobre el descubierto de referencia y les quedaremos sumamente agradecidos si, al recibo de la presente, tendrán la amabilidad de cubrirnoslo.

En tal espera quedamos de Vds attos y ss.ss.

....

XIV-5 - Autorización para librar una letra

..............de...............de 19......

Sres...............................
Calle ....

....

Muy Sres míos;

Obra en mi poder su atta fecha............ del crte.

Comprendo la razón que les asiste al solicitar el pago de su fact. del .... y les aseguro que no habría tardado en satisfacer mi deuda, si los negocios no marchasen tan pesadamente, lo que dificulta los cobros que realizo con gran fatiga y, siempre, en medida inferior a mis previsiones. De todos modos, pueden Vds girar a mi cargo y tengan la seguridad de que, si su letra es para fines de mes, tendrá una buena acogida.

Aprovecho la ocasión para repetirme de Vds atto y s.s.

....

XIV-6 - Abono en cta cte

..............de...............de 19......

Sres...............................
Calle ....

....

Muy Sres nuestros;

De su estimada carta del............... hemos separado el extracto de cta cerrada al 31 de Diciembre ppdo, con un saldo a favor de Vds de Lit..........................

Nos apresuramos a comunicarles que estamos perfectamente de acuerdo, acreditándoles dicha suma en cuenta nueva, valor 1º de Enero.

Sin otro particular, les saludan atentamente sus ss.ss.

....

XIV-7 - Iª solicitación de pago

...............de...............de 19......

Sr. Don ....
Calle ....

....

Muy Sr. nuestro;

Tenemos el gusto de participarle que, en estos días, hemos recibido de Francia muchas obras científicas editadas recientemente. Si quisiera honrarnos con su visita, nos será grato poner a su disposición las obras de medicina para que las examine, con la esperanza de que Vd hallará entre ellas las que le interesan.

Aprovechamos la ocasión para recordarle que el pago del plazo........... ha vencido desde hace tiempo, por lo que confiamos procurará cubrirlo al efectuar la visita, según la invitación que le hacemos con la presente.

Con la esperanza de verle pronto por esta su casa, le saludan atentamente sus ss.ss.

....

XIV-8 - II^a solicitación de pago

................de................de 19......

Sr. Don ....
Calle ....

....

Muy Sr. nuestro;

Hasta la fecha no hemos tenido el gusto de
recibir contestación a nuestra carta del .... crte y
hemos esperado en vano su visita. Cosa que sentimos, porque las obras de medicina que quería-
mos someter a su examen, son verdaderamente recomendables por su novedad, y por ser una joya
editorial francesa.

Si Vd no tiene tiempo para visitarnos, lo que
lamentamos sinceramente. le rogamos tenga a bien
utilizar el talón de pago en cta cte postal, que le
adjuntamos, para el saldo de los plazos vencidos de
Diciembre y Febrero.

Nos reiteramos a sus siempre gratas órdenes
attos y ss.ss.

....

XIV-9 - III^a solicitación de pago

................de................de 19......

Sr. Don ....
Calle ....

....

Muy Sr. nuestro;

No tenemos a la vista ninguna de Vd a la que
referirnos, y estamos siempre en espera del pago
de los plazos vencidos.

Hoy vence el tercer plazo y le quedaremos sumamente agradecidos si, para simplificar, quisiera efectuar el pago total de su deuda sirviéndose de la hoja, que a tal efecto le adjuntamos, para el pago en n/ cta crte postal nº 9/393.

Le rogamos dispense nuestra insistencia en solicitarle el pago, lo que hacemos con objeto de evitar el recurrir a otros medios que sentiríamos mucho tener que emplear.

Esperamos por lo tanto que comprenderá n/ razones, procurando evitar mútuas pérdidas de tiempo, disgustos y gastos inútiles.

Con tal confianza, quedamos de Vd attos y ss.ss.

....

XIV-10 - Iª solicitación de pago

...............de...............de 19......

Sres................................
Calle ....

....

Muy Sres nuestros;

Sin ninguna de Vds a la cual referirnos.

El 9 de Marzo ppdo, recibimos su grato pedido que, según sus deseos, ejecutamos con toda solicitud, despachándoles la mercadería el 18 del mismo mes, la que esperamos habrán recibido regularmente y a su completa satisfacción.

Sin embargo, hasta la fecha, no hemos recibido el saldo de Lit................ que, según las condiciones de pago establecidas, vencía el 18 de Abril, es decir, hace un mes.

Les quedaremos sumamente agradecidos si, no habiéndolo hecho en el ínterin, tuvieran a bien efectuarnos el pago a vuelta de correo.

En tal espera, quedamos a sus siempre gratas órdenes

de Vds attos y ss.ss.

....

XIV-11 - IIª solicitación de pago

...............de...............de 19......

Sres...............................
Calle ....

....

Muy Sres nuestros;

Les confirmamos n/ última fecha 28 del mes pasado cuya falta de contestación lamentamos.

Desgraciadamente, no nos es posible aguardar más tiempo el pago de n/ fact., por lo que les rogamos nuevamente se sirvan remitirnos el saldo de Lit. 68.375 a vuelta de correo.

Esperamos vernos complacidos y anticipándoles las gracias, nos reiteramos a sus órdenes, de Vds attos y ss.ss.

....

XIV-12 - IIIª solicitación de pago

...............de...............de 19......

Muy Sres nuestros;

Hace ya más de tres meses que ha vencido el plazo de n/ factura del 18 de Marzo y, a pesar de haberles solicitado el pago con nuestras cartas de fechas......................., no hemos tenido el gusto de recibir contestación por parte de Vds.

Lamentamos este modo de proceder y sentimos manifestarles que nos vemos obligados a señalarles un plazo ulterior de 15 días, a partir de la fecha de la presente, para el pago; no recibiéndolo dentro de dicho término, deberemos proceder judicialmente contra Vds.

Confiando que nos evitarán recurrir a tales procedimientos enojosos y contrarios a nuestra costumbre, quedamos de Vds attos y ss.ss.

....

XIV-13 - Contestación solicitando una prórroga

...............de...............de 19......

Sres................................

Calle ....

....

Muy Sres míos;

Han llegado a mis manos sus attas del 10 y 27 del mes pasado, en las que me solicitan el pago de su factura del...............................

Desgraciadamente, los negocios de mi casa no marchan muy bien por ser las ventas muy limitadas desde hace algunos meses. Por este motivo, a pesar de mi buena voluntad, no me ha sido todavía posible remitirles cuanto les debo.

Espero, sin embargo, que se reanuden los negocios cosa que, verosímilmente se realizará en breve. Por consiguiente, ruego a Vds tengan todavía un poco de paciencia pues, apenas mis cobros sean suficientes, me apresuraré a saldarles la factura en cuestión.

Con la confianza de que Vds acogerán favorablemente mi súplica, les doy de antemano las más expresivas gracias quedando.

de Vds atto y s.s.

....

XIV-14 - Denegación de concesión de prórroga y confirmación de la solicitación de pago

................de................de 19......

Sr. Don ....
Calle ....

....

Muy Sr. nuestro;

Contestamos a su atta del...
Sentimos mucho no poder acceder a su demanda, no solo por el hecho de que la dilación que nos pide no precisa la fecha en la cual piensa satisfacer su compromiso, sino, y sobre todo, por su manera de obrar. Repetidas veces le hemos

escrito reclamando el pago de una factura vencida desde hace mucho tiempo, sin que Vd se dignara contestar a nuestras justas demandas.

Dado, pues, que no deseamos prestarnos más a su juego le significamos que, si no recibimos el saldo completo de la factura en cuestión, en un plazo de diez días a lo sumo, a contar desde esta fecha, pasaremos el asunto a nuestro abogado para que proceda en consecuencia.

Lo que le comunicamos para su buen gobierno, quedando suyos

attos y ss.ss.

....

XIV-15 - Concesión de prórroga pedida

...............de...............de 19......

Sr. Don ....
Calle ....

....

Muy Sr. nuestro;

En contestación a su atta del 7 crte, tenemos el gusto de comunicarle que estamos dispuestos a concederle la prórroga, que nos pide para el pago de n/ factura vencida desde hace mucho tiempo.

Sin embargo, para demostrarnos sus buenos deseos, es necesario que nos remita por lo menos la cantidad de Lit....................... en efectivo, cubriendo la diferencia con un pagaré a 60/d fecha.

Esperamos recibir su respuesta conforme y, mientras tanto, quedamos de Vd attos y ss.ss.

....

XIV-16 - Pago a cuenta y solicitación de prórroga para el remanente

...............de...............de 19......

Sres..........................
Plaza ....

....

Muy Sres nuestros;

Contestamos a su estimada fecha............... del corriente.

En vista de que no hemos podido efectuar algunos cobros importantes, con los que habíamos contado, sentimos no estar en condiciones de poder saldar, dentro de este mes, su fact. de Lit................ .... que vence el día 15 p. v. Nos apresuramos por lo tanto a remitirles adjunto un talón de: Lit...................... (...liras) que se servirán acreditarnos en cuenta.

Y les aseguramos que les remitiremos el saldo, más los correspondientes intereses comerciales, en el curso del mes de.......................

Rogamos a Vds tengan a bien dispensarnos por el atraso involuntario en satisfacer n/ compromiso y, con tal confianza, les damos de antemano nuestras más cumplidas gracias, quedando como siempre.

suyos attos y ss.ss.

....

XIV-17 - Solicitación de prórroga

..............de..............de 19......

Sres...............................
Carrera ....

....

Muy Sres nuestros;

La presente tiene por objeto suplicarles nos concedan una prórroga de tres meses, por lo menos, para el pago de su factura que vence a fines del corriente mes.

Crean que sentimos mucho formularles esta demanda, dada nuestra costumbre de cumplir siempre nuestros compromisos puntualmente; pero la crisis actual ha disminuído sensiblemente nuestras ventas, por lo que nos hallamos en la imposibilidad absoluta de satisfacer el compromiso contraído.

Les rogamos accedan a nuestra petición tomando nota, al mismo tiempo, de que podrán disponer sobre nuestra caja para el término que les indicamos.

Anticipándoles las gracias por el favor que, no dudamos, nos otorgarán, pendientes de sus noticias nos reiteramos

de Vds attos y ss.ss.

....

XIV-18 - Solicitación de prórroga

.............de.............de 19......

Sres...............................
Calle ....

....

Muy Sres míos;

Ha llegado regularmente a mis manos su atta del 10 del crte, en la que me recuerdan el pago de su última fact. del mes de....................... valor Lit.............................

Siento mucho el retraso con el cual estoy obligado a saldarla, pero me impidieron hacerlo antes circunstancias ajenas a mi voluntad.

He sido afectado por la quiebra de la casa X................... Y.................... por una cantidad importante, pero espero que todo se reduzca a una pérdida de tiempo y que pueda hallarme de nuevo en condiciones de satisfacer mis compromisos. Les ruego, por lo tanto, tengan a bien concederne todavía un breve plazo.

En espera de su contestación favorable, les anticipa las gracias y saluda a Vds atentamente su s.s.

....

XIV-19 - Remesa del saldo solicitado

...............de...............de 19......

Sres..............................
Calle ....

....

Muy Sres nuestros;

En contestación a su atta 13 del corriente, nos es grato adjuntarles: un giro nº 023.939 del Banco de Roma, a favor de Vds, por la suma de Lit......................, más una letra aceptada por nosotros de Lit...................... 'vencimiento a 90/d, a saldo de su fact. 15/3.

No dudando que estarán conformes, quedamos pendientes de su acuse de recibo repitiéndonos como siempre de Vds attos y ss.ss.

....

Anexos: los descritos.

XIV-20 - Remesa de un giro a saldo

...............de...............de 19......

Sres..............................
Calle ....

....

Muy Sres nuestros;

A saldo de su factura del 5 corriente, tenemos el gusto de remitirles adjunto:

talón nº 055.749 del Banco de Roma, cruzado y a favor de Vds, por la suma de Lit 116.580 (ciento diez y seis mil quinientas ochenta liras).

Les rogamos se sirvan enviarnos el acuse de recibo correspondiente y, en espera de sus gratas noticias, nos repetimos

attos y ss.ss.

....

Anexo: talón 055.749 del Banco de Roma.

XIV-21 - Intervención en favor de un deudor

...............de...............de 19......

Sr. Don ....
Calle ....

....

Muy Sr. nuestro;

Contestamos a vuelta de correo a su atta del........................... ppdo para comunicarle que, conforme a las condiciones establecidas a su debido tiempo, hemos librado una letra a su cgo a saldo de n/ fact. del...................................

Dicha letra vencerá el 30 del crte y, habiendo sido emitida con gastos, si Vd no la retira será protestada por el Banco que la ha recibido para el cobro.

Dado que tenemos la máxima confianza en Vd y nos compenetramos de los motivos que le impiden hacer frente, como de costumbre, a sus compromisos, estamos dispuestos a concederle gustosos la prórroga que nos ha solicitado. Sin embargo, es necessario que nos remita un pagaré con vencimiento a fines..................., dentro del más breve plazo. Apenas esté en nuestro poder, solicitaremos la devolución de la letra mientras, en carta posterior, le daremos cuenta de los gastos sostenidos, cuyo importe se servirá remitirnos directamente.

Pendientes de sus noticias, quedamos como siempre

de Vd attos y ss.ss.

....

XIV-22 - Solicitación de intervención

...............de...............de 19......

Sres...............................
Calle ....

....

Muy Sres nuestros y amigos;

Sin ninguna de sus estimadas a la cual referirnos, formulamos la presente para informarles que, a fines del corriente, vence la letra a n/ cgo por valor de Lit. 60.000 y, dado que por esta vez no nos hallamos en condiciones de poder pagarla en su totalidad, les quedaríamos sumamente agradecidos si quisieran intervenir parcialmente en nuestra ayuda. A tal fin, nos permitimos adjuntarles una letra aceptada por la suma de Lit. 40.000, rogándoles se sirvan descontarla y remitirnos el valor líquido con la mayor brevedad posible, a fin de evitar un protesto inútil.

Sentimos mucho no estar en condiciones de poder efectuar el pago íntegro de la letra, aunque ello no sea por culpa nuestra sino por el hecho de no haber podido cobrar muchos créditos que tenemos en plaza. Nuestros deudores son todos agricultores, y esperan la cosecha para saldar sus deudas. Esta es la razón que nos ha obligado a recurrir a la ayuda de Vds, que esperamos no nos rehusarán.

Reiterándoles las gracias por el favor, quedamos pendientes de sus noticias suscribiéndonos de Vds attos ss.ss. y amigos

....

XIV-23 - Comunicación de libramiento de una letra

...............de...............de 19......

Sr. Don ....
Calle ....

....

Muy Sr. nuestro amigo;

La presente tiene por objeto comunicarle que hemos girado una letra a su cargo por la suma de Lit......................... vencimiento a fines de Abril.

Con la esperanza de que se servirá reservar a nuestra firma una buena acogida, le damos las gracias de antemano y quedamos

de Vd attos ss.ss. y amigos

....

XIV-24 - Comunicación no autorizando la emisión de una letra

..............de..............de 19......

Sres...............................

Calle ....

....

Muy Sres nuestros;

Acusamos recibo de su atta fecha............ del corriente, a la que contestamos inmediatamente.

Nos extraña leer que han librado una letra a n/ cgo con vencimiento a fines de...........................

Sentimos manifestarles que no estamos de acuerdo con Vds dado que nuestro pedido — aceptado por Vds sin modificación alguna —, establece que el pago lo haremos con remesa directa.

Al comunicar a Vds que no aceptamos el pago en la forma que nos proponen, les invitamos a retirar la letra que han puesto en circulación sin nuestra autorización.

Les rogamos tengan a bien asegurarnos sobre el particular y, en tal espera, nos reiteramos como siempre

de Vds attos y ss.ss.

....

XIV-25 - Demanda de retirar una letra librada

...............de...............de 19......

Sres.................................
Calle ....

....

Muy Sres míos;

Del Banco........................ de ésta, he recibido un aviso de pago de una letra por valor de Lit 87.369 que Vds han librado a mi cgo.

Indudablemente, dicha letra la habrán librado Vds en pago de su fact. nº............ del....................., y me extraña su modo de proceder en cuanto, la factura en cuestión, es objeto de una reclamación, por no corresponder la mercancía que me han mandado a la indicada en el pedido que les confié por conducto de su viajante Don...................................

Dado que mi reclamación les ha sido hecha dentro de los términos debidos y Vds no han opuesto ninguna razón a ella, no debían librar la letra. Por lo tanto, les ruego retirarla de la circulación ya que, si me fuese presentada, la rechazaré protestando además por daños y perjuicios.

No dudando que se atendrán a cuanto les comunico, quedo

de Vds atto y s.s.

....

XIV-26 - Remesa de efectos

.... 15 de Julio de 19......

Sres ....

....

....

Muy Sres nuestros;

Tenemos el gusto de remitirles la cantidad de: Liras 162.700, (ciento sesenta y dos mil setecientas liras) mediante los siguientes endosos:

a cgo de Juan Ferrelli, Aquila venc.
31-7-19........ . . . . Liras ....

a cgo de Emidio Ferretti, Ascoli P.
venc. 31-7-19........ . . . . . Liras ....

a cgo de Nicolás Pazienza, Pescara
venc. 3-8-19........ . . . . . Liras ....

a cgo de Oreste Ranetti, Grottam-
mare venc. 10-8-19........ . . Liras ....

Les rogamos se sirvan darnos acuse de recibo para nuestro buen gobierno.

Quedamos de Vds attos y ss.ss.

p. ....

Anexos: 4 endosos.

XIV-27 - Remesa de cheques

.... 12 de Junio de 19......

Sres ....

....

....

Muy Sres nuestros;

Tenemos el gusto de remitirles la cantidad de:
Liras 780.000 (setecientas ochenta mil liras)
mediante los siguientes giros:

nº   15375 del Banco de Nápoles de Liras 300.000
»   02793 del Crédito Italiano » » 250.000
» 2934769 del Banco S. Spirito » » 230.000

que se servirán abonarnos a saldo de sus facturas:

nº 1732 del 20-5 de Liras 380.000
nº 1797 del 25-5 de Liras 400.000

que les adjuntamos rogándoles devolvérnoslas fini-
quitadas.

En tal espera, nos reiteramos de Vds attos
y ss.ss.

....

Anexos: 3 giros - 2 facturas vencidas.

XIV-28 - Intervención

.... 1º de Junio de 19......

Sr. Don ....

....

....

Muy Sr. nuestro;

En contestación a su atta fecha 22 del mes
pasado, le remitimos adjunto el producto líquido

del pagaré que nos ha enviado; producto líquido
que utilizará para pagar la letra a n/ orden que
vence el 31-7-19.....

Queda entendido que la renovación que le concedemos no será definitiva sino cuando Vd haya
retirado la letra para cuyo pago le mandamos el
giro anexo.

Nos reiteramos suyos attos y ss.ss.

....

Anexo: Giro N. 732.843 sobre Banco Comercial
Italiano de Liras 250.000.

XIV-29 - Abono por error en una factura

.... 24 de Mayo de 19......

Sres ....

....

....

Muy Sres nuestros;

Obra en nuestro poder su atta de ayer y, en-
terados de cuanto nos comunican sobre el importe
de Liras 984.000 de nuestra factura N. 794 de
fecha 3 del corriente, les hemos hecho un descargo
de 100.000 liras (cien mil liras) por diferencia de
cálculo.

Les rogamos se sirvan dispensarnos por el
error involuntario en que hemos incurrido al
extender la factura.

Quedamos de Vds attos y ss.ss.

....

XIV-30 - Aviso de haber librado letras

.... 15 de Marzo de 19......

Sr. Don ....

....

....

Muy Sr. nuestro;

A fin de cubrirnos de la cantidad de 785.000 liras que resulta a nuestro haber según el extracto de su cuenta cerrado al 28-2-19...., libraremos a su cargo las siguientes letras:

Liras 250.000 al 30-4-19........
» 200.000 al 15-5-19........
» 200.000 al 31-5-19........
» 135.000 al 15-6-19........

que pondremos en circulación el día 20 de los corrientes sin ulterior aviso.

En caso de que los vencimientos arriba indicados no sean de su agrado, le rogamos nos lo comunique oportunamente; en caso contrario interpretaremos su silencio como señal de conformidad.

Siempre a sus órdenes para todo cuanto podamos servirle, quedamos de Vd attos y ss.ss.

....

XIV-31 - Aviso de haber librado letras

.... 12 de Junio de 19......

Sra Doña ....

....

....

Muy Sra nuestra;

Tenemos el gusto de comunicarle que para cubrirnos de n/ haber de 577.530 liras, según n/

factura de fecha 15-5-19...., libramos las siguientas letras a su cgo:

Liras 100.000 al 30-6-19........

» 150.000 al 15-7-19........

» 150.000 al 31-7-19........

» 177.530 al 31-8-19........

a las que le rogamos se sirva dispensar una buena acogida.

Dándole las gracias de antemano le saludamos atentamente.

....

XIV-32 - Efecto insoluto

.... 7 de Junio de 19......

Sra Doña ....

....

....

Muy Sra nuestra;

El Banco de Roma nos devuelve impagada la letra a su cgo N. 923 vencida el 15-5-19.... de Liras 242.000.

Los gastos resultan de la cuenta de resaca que le adjuntamos.

Le rogamos tenga a bien reintegrarnos el saldo a vuelta de correo.

En espera, quedamos suyos attos y ss.ss.

....

Anexa: Cuenta de resaca.

XIV-33 - Recibo de una cantidad

.... 4 de Julio de 19......

Sres.....................................

....

....

Muy Sres nuestros;

Tenemos el placer de adjuntarles el recibo de cuanto nos han remitido y que hemos registrado en conformidad.

Saludándoles atentamente quedamos de Vds ss.ss.

El Secretario General

Anexo: un recibo.

XIV-34 - Recibo de una cantidad

.... 20 de Febrero de 19......

Sr. Don ....

....

....

Muy Sr. nuestro;

Nos es grato acusarle recibo de cuanto nos ha remitido con su carta urgente co/df-24 fecha 19 del crte.

Respecto a las tornaguías, nos atendremos cuidadosamente a sus disposiciones en propósito, cosa que, por otra parte, se ha hecho siempre.

Siempre a sus gratas órdenes, nos suscribimos de Vd ss.ss.

....

XIV-35 - Aplazamiento de pagos

Sres ....
....
....

Muy Sres nuestros;

Por los turnos anuales de vacaciones, nuestra casa sufrirá una notable reducción de personal, sobre todo durante el próximo

mes de agosto.

El servicio administrativo quedará bastante reducido y, por eso, como en años pasados, rogamos a Vds disponer para que el libramiento de letras a nuestro cargo se aplace a una feca posterior.

Dándoles de antemano las más expresivas gracias, quedamos

de Vds attos y ss.ss.
La Dirección

XV

CARTAS

RECLAMACIONES

DECIMOQUINTA SERIE

XV-1 - Reclamación por diferencia de peso

...............de...............de 19......

Sres...............................
Calle ....

....

Muy Sres nuestros;

Ayer hemos recibido la mercancía que nos despacharon el 4 del crte y, al verificar el peso, hemos constatado una diferencia en menos de dos kilos y medio en cada saco. Un sucesivo control nos ha confirmado dicha diferencia, por lo que debemos excluir que se trate de robo. Dado que podría tratarse de un error en el peso, les rogamos se sirvan verificarlo.

Mientras tanto, sírvanse enviarnos los kilos que nos han remitido de menos y, apenas los recibamos, procederemos a saldar la factura.

Pendientes de sus noticias, nos reiteramos de Vds attos y ss.ss.

....

XV-2 - Notificación que la mercancía es diferente a la muestra

..............de...............de 19......

Sres................................
Calle ....

....

Muy Sres míos;

He tardado en acusarles recibo de su estimada del.................. ppdo, porque esperaba la llegada de los artículos que les había pedido, que ya obran en mi poder. Al abrir los fardos, me ha causado gran sorpresa constatar que la mercancía es muy inferior a las muestras que me presentó su viajante; por otra parte, encuentro que algunos de los precios indicados son superiores a los convenidos y he hallado, además, dos piezas muy desteñidas.

Sin extenderme en otros detalles les advierto que si no me conceden un abono del 10% sobre el total de la factura, rehusaré la mercadería dejándola a su disposición mediante el reembolso de Lit...................... que he pagado por derechos de aduana y gastos de transporte.

En espera de sus noticias, les saluda atentamente s.s.

....

XV-3 - Notificación de recibo de mercancías con embalaje deficiente

...............de...............de 19......

Sres...............................
Calle ....

....

Muy Sres nuestros;

Sin ninguna de Vds a la cual referirnos.

Habiéndonos avisado los ferrocarriles la llegada de la mercancía a que se refiere su factura nº 253 del 7 corriente, hemos mandado a retirarla; pero nuestro encargado nos ha informado que los 500 kilos de mercancía correspondientes al talón nº 35421, se hallaban esparcidos en el vagón a causa de haberse roto por completo el embalaje. Nos hemos personado inmediatamente en la estación para las comprobaciones del caso.

Muy a pesar nuestro hemos comprobado que, efectivamente, los sacos de papel no pueden considerarse suficientes para despachos por ferrocarril. Sin embargo, creíamos poder hacer la reclamación para el resarcimiento de daños, dado que el peso que ha resultado es de 438 kilos en vez de 500. Pero el jefe de transportes nos ha puesto de manifiesto la declaración que Vds han hecho en la hoja de guía, de la cual resulta que los ferrocarriles no son responsables, habiendo sido exonerados con la citada declaración que es del siguiente tenor: con relación a la deficiencia de los embalajes los ferrocarriles quedan exonerados por eventuales deterioros o faltas; sigue la firma de Vds.

No comprendemos como se puedan despachar mercancías con semejantes declaraciones pues, de tal modo, aún si llega a destinación solo una tercera parte, los ferrocarriles se lavan las manos. Ha sido una suerte que la falta se limite a sólo 17 kilos.

Para nuestro descargo, hemos conseguido una declaración por parte de los ferrocarriles que se concreta a lo arriba especificado.

Les rogamos se sirvan reconocernos y acreditarnos cuanto falta.

Afortunadamente la otra partida ha llegado en buen estado.

En espera de sus noticias quedamos de Vds attos y ss.ss.

....

XV-4 - Notificación de recibo de mercancía falta de peso

...............de...............de 19......

Sres................................
Calle ....

....

Muy Sres nuestros;

Tenemos el gusto de informarles que en fecha .... crte hemos recibido los 5 sacos de .... a que se refiere nuestro pedido nº ....

Debemos manifestarles que en el talón del ferrocarril, Vds han declarado el peso de 246 kilos mientras el peso verificado es de 239 kilos y medio, embalaje comprendido.

Los fardos han llegado en perfecto estado con sus flejes y precintos intactos, por lo que se excluye toda responsabilidad a cargo del ferrocarril.

En consideración a lo que antecede, les comunicamos que deduciremos del total de la fact. el importe de los kilos que faltan.

Pendientes de sus noticias sobre el particular, nos reiteramos

attos y ss.ss.

....

XV-5 - Notificación de deficiencia de peso y petición de reembolso de cuanto pagado de más

...............de...............de 19......

Sres...............................
Calle ....

....

Muy Sres nuestros;

Hemos recibido por ferrocarril el saco de cola que les pedimos y que corresponde a su fact. nº 378 del 15/7/19...., cuyo importe les saldamos según resulta por la carta de Vds del 5 corriente.

Habiendo verificado la mercancía hemos encontrado un peso de kg. 89,200 (embalaje comprendido) en vez de 90 kilos como hemos pagado.

Por lo expuesto les rogamos se sirvan reembolsarnos la diferencia de peso.

En tal espera les saludan atentamente sus ss.ss.

....

XV-6 - Respuesta: no se acepta el adeudo

...............de...............de 19......

Sres................................
Calle ....

....

Muy Sres nuestros;

Nos sorprende cuanto nos comunican con su atenta del................ crte respecto a la diferencia de peso que han encontrado en los 2 sacos de cola que les hemos enviado. No es justo imputarnos la falta porque, el peso, se controla a la entrega de la mercadería al agente de transportes, el cual, en el caso que nos ocupa, ha reconocido exacto el peso declarado por nosotros. Estando así las cosas, no vemos la razón por la cual deba atribuírse a nosotros la falta de peso y no al agente de transportes.

El hecho de que los embalajes no presenten trazas de haber sido tocados, no sirve para justificar el adeudo que quieren hacernos, ya que la operación de abrir un saco y volverlo a coser no es muy difícil. Insistimos, no por el valor del daño, sino por una cuestión de principio y de responsabilidad. Nosotros habríamos deseado que Vds hubiesen verificado el peso en el acto de retirar la mercancía, y rechazarla si no respondía a la cantidad declarada por nosotros.

Sin embargo, dado que las exigencias de nuestra administración y las normas de los estatutos no nos permiten reembolsarles el importe de la falta que nos reclaman, nos comprometemos a recompensarles la pérdida que han sufrido en el primer pedido que nos pasen, concediéndoles un descuento suficiente para cubrir el daño.

Sin otro particular quedamos de Vds attos y ss.ss.

....

XV-7 - Contestación con la cual se rechaza el adeudo y se da la responsabilidad al ferrocarril

...............de...............de 19......

Sres.................................
Calle ....

....

Muy Sres nuestros;

Contestamos a su atta del.............................

La diferencia de peso que nos comunican haber encontrado en la mercancía que les mandamos, debían haberla reclamado a la Compañía de Ferrocarriles.

Por el resguardo del ferrocarril, habrán visto que nosotros pedimos la verificación del peso a la salida y lo mismo debían haber hecho Vds a la llegada, antes de proceder a la retirada de los bultos.

Dado que el peso ha sido comprobado por el ferrocarril, nuestra responsabilidad cesa con la entrega de la mercancía al mismo. Por este motivo nos vemos obligados a rechazar su demanda de indemnización por la falta encontrada.

Sin otro particular quedamos de Vds attos y ss.ss.

....

XV-8 - Envío de una letra protestada con encargo de proceder judicialmente

..............de..............de 19......

Sr. Don ....
Calle ....

....

Muy Sr. nuestro;

Adjunto a la presente le remitimos una letra protestada: librador.............................. que vive en Milán, Calle ....

Principal	Lit ....
Gastos de protesto	Lit ....
Cuenta de resaca	Lit ....
Total	Lit ....

Le rogamos se sirva requerir al librado y, al mismo tiempo, facultamos a Vd para proceder, si es necesario, al embargo, venta, etc.

Nos remitimos a Vd suplicándole tenernos al corriente sobre la marcha de este asunto.

Sin otro particular le saludan con todo aprecio y consideración

sus attos y ss.ss.

....

XV-9 - Reclamación por mercancía no conforme a la pedida

.... 6 de Junio de 19......

Sres ....

....

....

Muy Sres míos;

He recibido la mercancía que les pedí con mi carta fecha 5 del mes pasado.

Siento mucho tener que reclamar, pero los defectos que presentan los artículos son tales que no puedo pasarlos por alto.

Las copas que me han suministrado están todas llenas de ampollas, y los pies son lisos en vez de tallados.

En cambio, por lo que respecta los floreros, el tipo de 20 cm de alto me lo han mandado con decoraciones n° 121 en vez de las indicadas que corresponden al n° 221.

Además, por haber descuidado el embalaje, tres floreros art. 1964 contenidos en la caja n° 6, han llegado rotos.

Dado cuanto antecede, les ruego suspendan el libramiento de la letra para fines del corriente, pues deseo liquidar la reclamación antes de proceder al pago de la mercancía.

Quedo pendiente de sus noticias sobre el particular y me reitero atentamente de Vds s.s.

....

XV-10 - Se admiten unos cargos y se rechazan otros

.... 14 de Junio de 19......

Sr. Don ....

....

....

Muy Sr. nuestro;

Acusamos recibo de su atta del 6 del crte, cuyo contenido hemos leído atentamente sintiendo mucho cuanto en ella nos comunica.

Dadas nuestra antiguas y buenas relaciones de negocios, estamos dispuestos a cargar con los daños imputables a nosotros, por lo que le rogamos devolvernos, a nuestras costas, las copas defectuosas que substituiremos inmediatamente.

La substitución de los floreros ha sido debida a una equivocación causada por el gran trabajo sobrevenido en un momento en que nuestro encargado de los despachos hallábase enfermo. Por consiguiente, le hemos enviado sin más los floreros con la decoración pedida por Vd; y, para evitar la devolución de los que le suministramos equivocadamente, le proponemos quedárselos con un descuento del 5%.

En cuanto a las roturas, Vd sabe que la mercancía viaja por cuenta y riesgo del comprador. Tampoco podemos aceptar el cargo de haber descuidado el embalaje porque nuestro sistema de confección de las cajas es siempre el mismo, como son también los mismos embaladores que lo efectún.

Lo que le comunicamos para su buen gobierno reiterándonos de Vd attos y ss.ss.

....

XVI

CARTAS

SUSPENSIÓN DE PAGOS

DECIMOSEXTA SERIE

XVI-1 - Convocatoria de acreedores

...............de...............de 19......

Sres..............................
Calle ....

....

Muy Sres nuestros;

A consecuencia de la crisis comercial actual y, sobre todo, por las continuas e ingentes pérdidas sufridas por suministros de mercaderías a comerciantes que resultaron insolventes o que fueron sometidos a procedimientos de quiebra, nuestra casa se encuentra hoy en dificultades financieras.

A pesar de haber hecho toda clase de esfuerzos, no nos es posible cubrir nuestros compromisos al 100%.

Sin embargo, según el balance que nos ha presentado nuestro tenedor de libros, las mercancías en nuestros almacenes. los valores inmobiliarios y en cartera, prueban con evidencia que nuestra situación no es tan desesperada como podría suponerse.

Con el objeto, pues, de evitar a nuestros acreedores mayores daños, y a nosotros la quiebra, rogamos a Vds tengan a bien asistir a la junta

de acreedores que tendrá lugar en el despacho del
Prof. Mercantil Don.., sito en
la carrera............................. nº............ de esta ciudad,
a las 10 horas del día .... de los corrientes, con
el objeto de tomar acuerdos sobre el particular.

Confiamos que no dejarán de intervenir a dicha
reunión, por lo que les anticipamos las gracias
suscribiéndonos de Vds attos y ss.ss.

....

XVI-2 - Contestación favorable a un arreglo

...............de...............de 19......

Sr. Don ....
Calle ....

....

Muy Sr. nuestro;

En n/ poder su atta del.................... crte, a la que
contestamos.

Sentimos mucho la desgracia que le ha acaecido
y confiamos que sus esperanzas no sean vanas.
Por nuestra parte, no dejaremos de ayudarle.

Aún cuando la situación de su casa nos cause
una pérdida no indiferente, nuestro aprecio hacia
Vd continúa inalterado. Un encargado nuestro
intervendrá en la junta convocada por Vd con el
objeto de apoyar su propuesta.

Lo que le comunicamos para su buen gobierno,
repitiéndonos.

de Vd attos y ss.ss.

....

XVI-3 - Promesa de intervención con reserva de decisión

................de...............de 19......

Sres...............................
Calle ....

....

Muy Sres nuestros;

Correspondemos a su atta del...............................
Sentimos mucho la noticia que nos han comunicado en ella. Un apoderado de esta su casa participará a la junta que convocarán. Nos reservamos tomar una decisión sobre el particular, luego que conoceremos la relación detallada de la situación de Vds.

Sin otro particular, quedamos de Vds attos y ss.ss.

....

XVI-4 - Promesa de intervenir, con poca disposición para un acuerdo

................de...............de 19......

Sres...............................
Calle ....

....

Muy Sres nuestros;

Acusamos recibo de su atta fecha............... del crte, a la que pasamos a contestar.
Lamentamos la desgracia que les obliga a suspender los pagos y convocar a sus acreedores. Aunque consideramos muy difícil poder llegar a un acuerdo que les permita continuar el comercio,

sin embargo, intervendremos en la junta que han convocado, haciéndonos representar por un apoderado nuestro. La situación peligrosa en que se encuentran Vds, no puede más que perjudicarles ulteriormente en sus negocios.

Debemos manifestarles que, en principio, somos contrarios a un arreglo amistoso, a menos que, la relación sobre la verdadera situación de Vds, no nos haga modificar nuestra decisión.

Sin otro particular, somos de Vds attos y ss.ss.

....

XVI-5 - Petición de delegación

...............de...............de 19......

Sr. Don ....
Perito Mercantil

....

....

Muy Sr. nuestro;

Indudablemente, Vd estará enterado que la firma........................ sita en ....se halla en estado de quiebra. Nosotros estamos convencidos que se trata de una desgracia y consideramos al Sr............................ favorablemente.

Dado que el hecho de residir Vd en la misma plaza, le pone en condiciones de examinar la situación exactamente y poder tomar las decisiones que se consideren más oportunas, nos permitimos pedirle si está dispuesto a representarnos en la junta de acreedores que tendrá lugar el....................... en el despacho del Perito Mercantil Don................

Para su buen gobierno, le manifestamos que, en línea general, estamos dispuestos a un arreglo amistoso ya que nada saldríamos ganando en el caso desgraciado de que se quisiera llevar a la quiebra al Sr...

Si, como confiamos, Vd está dispuesto a representarnos, le rogamos nos lo comunique con el objeto de enviarle nuestra delegación en regla.

Le agradeceremos nos conteste a vuelta de correo y, en espera de sus noticias, nos reiteramos de Vd attos y ss.ss.

....

XVI-6 - Relación sobre la junta de acreedores

.............de.............de 19......

Sres ....

....

....

Muy Sres míos;

En su día, recibí la delegación de Vds para representarles en la reunión de acreedores convocada por Don.............................y me es grato comunicarles cuanto sigue respecto a la misma:

La firma en cuestión, ha ofrecido un arreglo sobre la base del 60% garantizado por el cuñado del titular, Don........................, persona acaudalada y de indiscutible moralidad. Propuesta que ha sido aceptada a la unanimidad y a la que he adherido en nombre de Vds.

En el caso que se hubiese declarado la quiebra, no se habría conseguido la mitad, con el inconve-

niente, además, de tener que esperar por tiempo
indeterminado el prorrateo de la repartición. Por
el contrario, la casa proveerá al pago del primer
plazo dentro de tres meses a contar desde la fecha
del arreglo.

Ha resultado que la casa se ha encontrado en
dificultades por la infidelidad de su propio director,
motivo por el cual no se puede reprochar al pro-
pietario nada más que el hecho de haber tenido
ciega confianza en él.

Les devuelvo adjunta la delegación unidamente
a los relativos documentos.

Sin otro particular, me reitero a sus siempre
gratas órdenes

de Vds atto y s.s.

....

Anexos: documentos indicados.

XVII

CARTAS

ATESTACIONES SOBRE SUMINISTROS

DECIMOSÉPTIMA SERIE

XVII-1

...............de...............de 19......

Sr. Don W........X........
Calle ....nº....

....

Muy Sr. nuestro;

Nos es grato participarle que hemos probado felizmente las dos prensas que nos ha suministrado, habiendo quedado completamente satisfechos tanto de la producción como de la elaboración del producto. Sobre todo, nos ha convencido la producción de ambas prensas que ha sido, por cada una de ellas, de unos cuatro quintales-hora de pasta secada.

Dámosle las gracias, además, por la asistencia técnica que nos ha proporcionado para el completo arreglo de nuestra instalación.

Nos es grata la ocasión para saludarle atentamente y suscribirnos

suyos ss.ss.

p. G............... I.................

XVII-2

.... 24 de Septiembre de 19......

Sres ....
....
....

Muy Sres nuestros;

En estos días hemos tenido la oportunidad de probar la prensa automática que nos han suministrado, y podemos confirmar a Vds cuanto ya manifestamos verbalmente a su técnico Don............
........................, en ocasión de su última visita a nuestro Establecimiento y, precisamente, que la prensa funciona a nuestra completa satisfacción.

Tanto la elaboración de los harinados en la amasadora, como la descarga de la pasta de la hilera se verifican en modo perfecto y con la máxima regularidad. El producto es óptimo bajo todos los aspectos; el manejo de la máquina simple y económico y la producción horaria es satisfactoria.

Todos los demás equipos de la instalación funcionan perfectamente bien.

Nos es muy grato poder atestiguar lo que antecede y aprovechamos esta oportunidad para saludarles y repetirnos

de Vds **attos** y ss.ss.

....

XVII-3

...............de................de 19......

Sres...............................
Calle ....nº....

....

Muy Sres nuestros;

Después de la compra de su primera prensa, de la que estamos plenamente satisfechos, hemos determinado la instalación de otra.

La prueba de esta segunda ha dato resultados tan satisfatorios que no podemos dejar de reconocer los grandes adelantos realizados por Vds.

En efecto ˙ hemos podido comprobar que la elaboración del producto es óptima y que la producción normal ha dado, sin dificultad, los cuatro quintales por hora.

Si anteriormente habíamos obtenido resultados halagadores, el éxito de esta prueba ha sido tan positivo que, sin duda alguna, nos proporcionará grandes satisfacciones.

Les felicitamos per su trabajo y pasamos a saludarles, quedando

de Vds attos y ss.ss.

....

XVII-4

..............de..............de 19......

Sres ....

....

....

Muy Sres nuestros;

Nos complace manifestarles que la máquina de escribir « marca.................... » que nos han suministrado, llena nuestros deseos por su funcionamento y buena construcción. Comparada con las máquinas de otras marcas que poseemos, la consideramos más práctica bajo todos los aspectos.

Desearíamos comprarles otras cuatro máquinas de escribir « .... » con objeto de substituir las que tenemos de otros tipos. Les rogamos por lo tanto se sirvan comunicarnos el último precio y las facilidades que están dispuestos a concedernos para el pago.

Pendientes de sus noticias sobre el particular, nos reiteramos

de Vds attos y ss.ss.

....

XVII-5

.... 19 de Enero de 19......

Sres ....
Calle ....

....

Muy Señores nuestros;

La presente carta nos la dicta la satisfacción que nos invade entrando en nuestra sección « Oranged-Bluuk ».

Hemos quedado mucho tiempo indecisos porque, no obstante su máxima utilidad, la instalación del equipo de Vds requería un crecido gasto, mas podemos afirmar que rótulos de revistas, cubiertas, prospectos plegables, catálogos, etc., los imprimimos casi exclusivamente con su máquina, lo que comporta un grande ahorro de tiempo y, sobre todo, da resultados de estampación que no es posibles obtener con los caracteres móviles.

Además, estamos convencidos que, eliminando totalmente la costosa substitución de los caracteres de fantasía se obtiene en breve tiempo una gran ventaja económica.

Por eso hemos querido, con esta carta, congratularnos con Vds por la eficacia de su sistema, y hacerles, aunque modesto, nuestro sincero elogio.

Acepten gustosos, con las reiteradas gracias, nuestros atentos saludos

....

XVIII

CARTAS

DIMISIONES Y CERTIFICADOS DE TRABAJO

DECIMOCTAVA SERIE

XVIII-1 - Dimisiones por matrimonio (mujer)

...............de...............de 19......

Sres ....
....
....

Muy Sres míos;

Ruego a Vds se sirvan tomar nota de mi dimisión con efecto a partir del día 30 del corriente, motivada por el matrimonio que efectuaré el........ del próximo mes, cuya primera amonestación ha sido ya publicada.

Aprovecho la ocasión para darles las gracias por sus atenciones hacia mí y suscribirme, de Vds atta y s.s.

....

XVIII-2 - Dimisiones por vejez

.................de.................de 19......

    Sres ....

    ....

            ....

Muy Sres míos;

    Habiendo cumplido los sesenta y un años de edad el día............................. ruego a Vds se sirvan considerarme dimisionario a contar desde la fecha............................ p. v., aplicándome los beneficios establecidos en el Contrato Colectivo de Trabajo, teniendo en cuenta que he prestado servicio en su estimada casa, sin interrupción, desde el......................................

    Aprovecho la oportunidad para saludarles con toda consideración.

              de Vds atto y s.s.

              ....

XVIII-3 - Despido de personal

.................de.................de 19......

CERTIFICADA

    Sr. Don ....

    Calle ....

            ....

Muy Sr. nuestro;

    Sentimos comunicarle que, a causa de las disminuídas posibilidades de nuestro comercio, nos vemos obligados a renunciar a sus servicios.

La presente sirve de aviso previo, cuyo plazo entra en vigor el 1º de Abril p. v. terminando a fines del mismo mes, habiéndole asumido nosotros en calidad de corredor de plaza, agregado a la tercera categoría, y contando menos de cinco años de antigüedad.

En dicho día, le pagaremos la indemnización que a Vd le corresponde.

Respecto a los permisos que pueda Vd necesitar durante el período de aviso previo, con el objeto de buscarse otra colocación, sírvase ponerse de acuerdo con nuestro Director administrativo.

En caso de necesidad, puede dar nuestras referencias y contar con nuestra recomendación.

Sin otro particular, le saludan atentamente sus ss.ss.

....

XVIII-4 - Certificado de trabajo

................de................de 19......

Con la presente declaramos que Don.................... .... ha estado empleado en nuestra casa desde........................ hasta........................ desempeñando el cargo de...

Durante todo el tiempo que ha estado a nuestro servicio ha dado pruebas de honradez, capacidad y puntualidad, lo que nos complacemos atestiguar.

Don.................................... abandona nuestra casa por su espontánea voluntad, deseando prosperar en su carrera conforme a sus aspiraciones.

De lo que damos fe.

....

XVIII-5 - Certificado de trabajo a un corredor

...............de...............de 19......

Certificamos que Don.................... de...................
ha estado a nuestro servicio en calidad de corredor
de primera categoría, con el encargo de vender
nuestros productos en las regiones de Andalucía y
Extremadura, desde el día.................... 19........ hasta
hoy.

Deja nuestra casa voluntariamente y sentimos
vernos privados de su valiosa colaboración.

En fe de lo cual, firmamos la presente.

....

ALGUNOS TÉRMINOS COMERCIALES

ALGUNOS TÉRMINOS COMERCIALES

a barrisco, alla rinfusa.
a granel, alla rinfusa.
a plazos, a rate.
acaparamiento, incetta.
adjunto, unito (accluso, allegato, compiegato).
aduanar, sdoganare.
agente, agente.
— *de aduanas, o de aduanas y transportes,* spedizioniere.
— *de negocios,* intermediario, mediatore.
al contado, a contanti, a pronti contanti, a pronta cassa.
al contado rabioso o violento, a cassa fulminante.
al descubierto, allo scoperto.
al fiado, a fido, a credito.
aleatorio, aleatorio.
anexo, allegato.
anualidad, annualità.
anualidades, annualità.
arancel, tariffa doganale.
arbitraje, arbitraggio.
avería, avaria.
— *gruesa,* avaria grossa.
— *simple,* avaria semplice o particolare.

bancarrota, bancarotta (v. *Quiebra*).

cablegrama, cablogramma.
cabotaje, cabotaggio.
caja. cassa/scatola.

caja, de cartón, scatola di cartone.
— *de caudales,* cassaforte.
cajero, cassiere/cassaio, cassettaio/scatolaio.
caparra, caparra (v. *señal*).
carta, lettera.
— *certificada,* lettera raccomandata.
— *certificada con acuse de recibo,* lettera raccomandata con ricevuta di ritorno.
— *con valores declarados,* lettera assicurata.
— *de crédito,* lettera di credito.
— *de fletamento,* contratto di nolo.
— *de pago,* lettera di accreditamento.
— *de porte,* lettera di porto.
clearing, clearing.
conocimiento, polizza di carico, documento d'imbarco.
conocimientos de embarque, documenti o documenti d'imbarco.
corredor, mediatore, sensale, piazzista, produttore.
— *de lonja,* piazzista di derrate all'ingrosso (grani, semi, olio, ecc.).
— *de mercaderías,* piazzista.
corretaje, mediazione, senseria.
cotizar, quotare.
crédito, credito (fido che si accorda a, o merita, una ditta).
cuenta de crédito, castelletto.
cuenta de resaca, conto di ritorno.
cheque, assegno.
— *cruzado,* assegno sbarrato.

depósito franco, deposito franco.
despacho, spedizione/ufficio (v. *oficina*).

endosar, girare.
endoso, girata.
entrega, consegna.

fianza, cauzione/fideiussione.
finiquitar, quietanzare; saldare (un conto).
finiquito, saldo (di un conto); quietanza: ricevuta a
saldo.

giro, giro (massa, quantità di affari) / assegno / assegno circolare / tratta.
— *postal,* vaglia postale.
horas de despacho o de oficina, orario d'ufficio.

imponente, depositante.
imponer, depositare, versare (in banca, cassa di ri-
sparmio o postale).

librado, trattario, trassato.
librador, traente.
libramiento, mandato di pagamento.
librar, emettere, spiccare (assegni, tratte).
lonja, borsa merci (specialmente per prodotti del suolo
e per materie prime).
letra o letra de cambio, lettera di cambio, cambiale,
tratta.
— *aceptada,* accettazione, cambiale, tratta accettata.
— *al cobro,* cambiale o tratta all'incasso.
— *falta de pago,* cambiale o tratta insoluta, non pa-
gata.
— *de resaca,* tratta di rivalsa.
negociable, bancabile.

oficina, ufficio.
opción, opzione.

pagaré, pagherò (cambiale diretta non girabile nè
trasferibile).
— *a la orden,* cambiale o pagherò girabile.
patente, brevetto / licenza (di esercizio).
peso bruto por neto, peso lordo per netto.
poder, procura.

quebrado,   fallito.
quiebra,   fallimento / bancarotta.
— *culpable,*   fallimento semplice.
— *fraudolenta,*   fallimento fraudolento, doloso / bancarotta fraudolenta, dolosa.

recoger, retirar mercancías (*de almacenes, depósitos francos, ferrocarriles, etc.*),   svincolare.
resarcimiento,   risarcimento.
resguardo o **talón** de **ferrocarril,**   lettera di vettura.

señal,   caparra.
según el uso de la plaza,   secondo l'uso di piazza.
sindicatura,   curatela (di un fallimento).
síndico,   curatore.

talón,   assegno (v. *cheque*) / reversale (lettera di porto, di vettura).
talonario,   libretto di assegni, di ricevute / libro o registro a madre e figlia.
tara,   tara.
tenedor de libros,   contabile, ragioniere.

vencido,   scaduto.
vencimiento,   scadenza.

ABREVIATURAS

ABREVIATURAS

admor	administrador
afmo	afectísimo
affmos	afectísimos
ap.	aparte
art.	artículo
atta	atenta
attos	atentos

B.	Balboa, Boliviano, Bolívar
Bs	Balboas, Bolivianos, Bolívares
Bco	Banco
B.T.	Bonos del Tesoro

c/, cta	cuenta
c/c/, cta cte	cuenta corriente
c/c/ postal	cuenta corriente postal
c/e	conocimientos de embarque
cénts	céntimos, centavos
c. f.	costo y flete
cgo	cargo
Cía	Compañía
c.i.f., o cif	costo seguro y flete
cm	centímetros
c/n, cta/n	cuenta nueva
corr., corrte, crte,	corriente
cts	céntimos, centavos
C//	colones

d/	días
d/f	días fecha
d/v	días vista
D.	Don
Dña	Doña
Dol., Dols	dólar, dólares
fact.	factura
fco	franco
Fcs	Francos
f.o.b., o FOB	franco a bordo
f.s.w.	franco sobre vagón
g., gr.	gramo, gramos
g/	giro
G.V.	Gran velocidad
hect.	hectárea, s.
hl	hectólitro, s.
l.	litro, s.
L/	letra
£, Lg	Libra esterlina
lbs	libras
lib.	libra
Lp	Libra peruana
Lit	Liras italianas
m/	mí, mío, a.
m/n	moneda nacional
m/pdo	mi pedido
mm	milímetro
m/s	motonave
n/	nuestro, a.
N.B.	Nota bene
n/o	nuestra órden

P.A.	Por ausencia / Por autorización
p.c.c.	por copia conforme
P.D.	posdata
pdo	pedido / pasado
Pf. Pfs	peso fuerte / pesos fuertes
P.O.	Por orden
P.P.	Porte pagado / Por poder
ppdo	próximo pasado
pral	principal
P.S.	Post scriptum
P.S.M.	por su mandato
ps	pesos
ptas	pesetas
P.V.	Pequeña velocidad
p.v.	próximo venidero
q	quintal
Quez.	quezal, quezales
S.A.	Sociedad anónima
S.B.F.	salvo buen fin
S.E.U.O.	salvo error u omisión
s.n.g.r.	sin nuestra garantía ní responsabilidad
S.en C.	Sociedad en Comandita
Soc. Gral	Sociedad General
Soc. p. ac.	Sociedad por acciones
Soc. R.L.	Sociedad a responsabilidad limitada
Sr.	Señor
Sres	Señores
s/s	nave
s.s.	seguro servidor
ss.ss.	seguros servidores
Scrs	Sucres
$	dólar / peso
$ c/l	dólar o peso, curso legal

\$ m/c	dólar o peso, moneda corriente
\$ Mex.	Peso mejicano, pesos mejicanos
\$ o/s	dólar o peso, oro sellado
\$ U.S.A.	dólar nortamericano
t	tonelada
t métr.	tonelada métrica
Ud	usted
Udes	ustedes
V., Vd	usted
VV., Vds	ustedes
Vº Bº	Visto bueno
º/o	por ciento
º/oo	por mil

Volume con i tipi e stampa della
IGIS SpA
Industrie Grafiche Italiane
20138 Milano (Italy) - Via Salomone 61